Title page

Full title page

La RED es un servicio voluntario para promover la obra literaria. Su propósito es apoyar y ayudar a todo esfuerzo relacionado con la producción de literatura bíblica y cristiana.

La RED se compromete a servir la comunidad publicadora utilizando la riqueza de la diversidad cultural e intelectual de sus recursos humanos y técnicos, sin embargo, respetando la autonomía de cada entidad para la unidad de la iglesia.

La RED es un servicio disponible a quien quiera utilizar los recursos humanos cooperativos para la revisión y mejoramiento de los trabajos impresos y así mantener una fidelidad al lenguaje.

Este logotipo (sello) es el símbolo representativo de la calidad en ortografía y el uso de un lenguaje común con el propósito de que el mensaje bíblico y las aplicaciones cristianas se comprendan por la gran mayoría de hispanohablantes.

**Publicado originalmente bajo el título: Baptism a Biblical Study (1989)
Derechos reservados College Press Publishing Company, Joplin, Missouri**

Bautismo: Un estudio bíblico
por Jack Cottrell

Derechos reservados © 2013
Literatura Alcanzando a Todo el Mundo (LATM)
P.O. Box 645
Joplin, MO 64802-0645 E.U.A.
www.latm.info

Todos los derechos están reservados. Ninguna parte de este libro puede ser reproducida ni transmitida por medios electrónicos, mecánicos, fotocopiadores, de grabación o cualquier otro, sin permiso del dueño de los derechos. Sólo se permite citar breves trozos del libro en publicaciones especializadas y dando el debido crédito con notas al pie de la página, y en la bibliografía.

Traducción: Susan Calderón
Redacción: Nathan Ralston; Steve Dye
Formateo: Cindy Shead
Diseño de la tapa: Brett Lyerla

ISBN: 978-1-930992-25-2

Salvo donde se indique lo contrario, todos los pasajes bíblicos en esta publicación son de la Biblia Reina-Valera Revisada © 1960 Sociedades Bíblicas en América Latina. Usado con permiso.

NVI – Nueva Versión Internacional
LBLA – La Biblia de las Américas

Contenido

Introducción 7
Capítulo uno — Mateo 28:19-20 11
Capítulo dos — Marcos 16:15-16 23
Capítulo tres — Juan 3:3-5. 31
Capítulo cuatro — Hechos 2:38-39 (I). 43
Capítulo cinco — Hechos 2:38-39 (II) 53
Capítulo seis — Hechos 22:16 65
Capítulo siete — Romanos 6:3-4 75
Capítulo ocho — 1 Corintios 12:13 87
Capítulo nueve — Gálatas 3:26-27 99
Capítulo diez — Efesios 5:25-27 111
Capítulo once — Colosenses 2:11-13 123
Capítulo doce — Tito 3:5 137
Capítulo trece — 1 Pedro 3:21. 149
Conclusión 161

Bibliografía. 165
Preguntas de estudio 169

Introducción

La Biblia no evita el tema del bautismo. Muchas declaraciones obvias y claras aparecen tanto en sus secciones narrativas como en las didácticas. Están difundidas a través de todo el Nuevo Testamento, desde los Evangelios y Hechos hasta las Epístolas paulinas y generales.

El problema principal que se oculta tras la confusión moderna sobre el bautismo, entonces, no es la escasez de material bíblico, sino más bien un compromiso a priori con ciertos presupuestos teológicos. Es extremadamente difícil —algunos dirían que es imposible— ser objetivos cuando intentamos interpretar la Biblia. Tendemos a leerla, en especial sus referencias al bautismo, con ideas preconcebidas de lo que "en verdad debe estar diciendo" o lo que "por cierto no puede significar".

Con plena consciencia de las dificultades involucradas, nuestra meta en este estudio es examinar los pasajes principales del Nuevo Testamento sobre el significado del bautismo como si estuviéramos escuchándolos y viéndolos por primera vez. ¿Cómo los habrían entendido los oidores originales de ciertas declaraciones claves? ¿Cómo habría entendido Nicodemo Juan 3:5? ¿Cómo habría interpretado la audiencia de Pedro Hechos 2:38? ¿Cómo entendió Pablo el imperativo de Ananías en Hechos 22:16? También, ¿cómo habrían interpretado los lectores originales de Hechos y Romanos y Colosenses la enseñanza sobre el bautismo contenida en ellos? ¿Cómo habrían relacionado esta enseñanza a su propia experiencia personal? Para aquel que lee el Nuevo Testamento hoy en día, ¿qué es el significado natural y de valor nominal de los pasajes sobre el bautismo? ¿Cómo entendería las referencias al bautismo si no tuviere algún conocimiento previo sobre o compromiso con algún punto

Introducción

de vista teológico en particular, por ejemplo, reformado, católico, luterano o "campbellista"?

Aunque es muy difícil de lograr, esto aún debería ser la meta de toda exégesis o hermenéutica. Debemos rechazar todas las teorías de la hermenéutica que dicen que el significado original de un texto es o no recuperable o irrelevante. Debemos enfocarnos en la Biblia con la convicción de que el significado original de la mayoría de los textos, tanto como el pretendido por sus autores como el entendido por sus primeros receptores, es recuperable en un alto grado de probabilidad. También, debemos aceptar este significado originalmente pretendido como el significado definitivo y autoritario.

Esto no quiere decir que las perspectivas históricas y teológicas no tienen un lugar en el proceso de intentar alcanzar esta meta. Tenemos que estar dispuestos a aceptar la ayuda de cualquiera que ya ha estudiado los textos y ha descubierto datos relevantes a su entendimiento correcto. También, no podemos pasar por alto el efecto válido, limitativo, de la teología sistemática con referencia a la exégesis, especialmente si creemos en la consistencia lógica. A menos que seamos irracionalistas, debemos creer que todas las doctrinas bíblicas son consistentes unas con otras. Lo que se dice acerca del bautismo debe ser consistente con lo que se dice sobre otros temas, tales como el pecado, la salvación y la iglesia. La relación entre la sistemática y la exégesis es algo dialéctica. Los datos derivados de la exégesis de los textos más claros deben ser constantemente comparados y cotejados, y las conclusiones así derivadas pueden ser legítimamente usadas en la exégesis de otros textos (especialmente los menos claros).

A pesar de esta relación dialéctica —o quizás a causa de ella— debemos ser muy escépticos de cualquier sistema que nos fuerza a ir en contra de los significados naturales y obvios de cualquier cantidad numerosa de textos, especialmente sobre el mismo tema, tal como el bautismo. Hay que cuestionar la validez de cualquier sistema que nos requiere interpretar tales textos de una manera consistentemente no natural o forzada que causa que digan algo no encontrado en realidad en los textos mismos. En otras palabras, si la única razón por

Introducción

cometer violencia consistentemente a toda una categoría de textos es una razón dogmática, entonces probablemente necesitamos revisar nuestro sistema teológico de manera que nos permite mantenernos fieles a los textos.

En todo caso, nuestra meta en este libro es permitir a los textos hablar tan objetivamente como es posible con un mínimo de referencias a sistemas teológicos. Nuestras principales herramientas para entender los textos serán los estudios lingüísticos, lexicográficos y de trasfondo; y la regla hermenéutica consagrada de comparar Escritura con Escritura. Ahora se discutirán doce pasajes claves relevantes al significado del bautismo en el orden en que se encuentran en nuestras Biblias en español. (Todas las citas de las Escrituras están tomadas de la versión Reina-Valera, revisión de 1960, a menos que sea anotada de otra versión.)[1]

---

[1] Debería ser enfatizado que el enfoque principal de este estudio es el significado del bautismo, no su forma ni sus sujetos. No es mi propósito entrar en detalle alguno sobre estos últimos aspectos del bautismo.

Mateo 28:19-20

*L*a primera referencia neotestamentaria al bautismo cristiano se encuentra en la Gran Comisión, escrita en Mateo 28:19-20. Por supuesto, esto implica que el bautismo cristiano es distinto de todos los bautismos bíblicos que lo precedieron, incluyendo el bautismo de Jesús por Juan, el bautismo de Juan en general y los bautismos por los discípulos de Jesús. Esta distinción se hará más clara más adelante. En todo caso, las últimas instrucciones de Cristo a sus seguidores incluyeron estas palabras: "Por tanto, id, y haced discípulos a todas las naciones, bautizándolos en el nombre del Padre, y del Hijo, y del Espíritu Santo; enseñándoles que guarden todas las cosas que os he mandado" (Mateo 28:19-20).

El término clave en esta comisión es "haced discípulos" en el versículo 19. Éste es el único imperativo entre los verbos en estos dos versículos; los otros tres elementos de la comisión son participios. "Ir" es el requisito previo para hacer discípulos; "bautizar" y "enseñar" son la manera de hacer discípulos.

I. La importancia única

Lo primero que nos llama la atención de este pasaje es el hecho de que el bautismo de alguna manera se menciona en una comisión tan sucinta y fundamental. También es notable que se distinga de la categoría de "todas las cosas" que los discípulos deben ser enseñados a observar. Esto es especialmente importante debido al punto de vista

Capítulo uno — Mateo 28:19-20

protestante común de que el bautismo es sólo una de las "buenas obras" de la vida cristiana, que es sólo un "acto de obediencia" comparable a los muchos otros actos de obediencia que debemos hacer, sencillamente porque Dios los ha ordenado. Si es así, ¿por qué se señala al bautismo solo para una mención específica, y por qué está separado de "todas las cosas que os he mandado"?

La manera en que está redactada la comisión sugiere que el bautismo tiene una importancia única en el proceso de hacer discípulos. Podemos estar de acuerdo de que el término "todas las cosas" (griego—panta) en verdad se refiere a las buenas obras o los actos de obediencia propios a la vida cristiana; en otras palabras, se refiere a todo el alcance de la santificación que sigue a la conversión. Pero el término es comprehensivo ("todas las cosas"), y el bautismo no está incluido en ello. La implicación obvia es que el bautismo no está destinado a ser incluido en la categoría de las buenas obras cristianas. Tiene un significado distinto de cualquier acto de obediencia esperado de un cristiano, y una importancia mucho más allá de cualquier de estos actos.

> La manera en que está redactada la comisión sugiere que el bautismo tiene una importancia única en el proceso de hacer discípulos.

Esta importancia única del bautismo es subrayada por varios otros pasajes en el Nuevo Testamento donde el bautismo se menciona pero donde estaría fuera de lugar si sólo fuera otra buena obra. Uno de estos pasajes es 1 Corintios 1:10-17, que se cita frecuentemente por el propósito contrario, o sea, para mostrar la insignificancia del bautismo. Dice así:

> Os ruego, pues, hermanos, por el nombre de nuestro Señor Jesucristo, que habléis todos una misma cosa, y que no haya entre vosotros divisiones, sino que estéis perfectamente unidos en una misma mente y en un mismo parecer. Porque he sido informado acerca de vosotros, hermanos míos, por los de Cloé, que hay entre vosotros contiendas. Quiero decir, que cada uno de vosotros dice: "Yo soy de Pablo"; y "yo de Apolos"; y "yo de Cefas"; y "yo de Cristo". ¿Acaso está dividido Cristo? ¿Fue crucificado Pablo por vosotros? ¿O fuisteis bautizados en

Capítulo uno — Mateo 28:19-20

el nombre de Pablo? Doy gracias a Dios de que a ninguno de vosotros he bautizado, sino a Crispo y a Gayo, para que ninguno diga que fuisteis bautizados en mi nombre. También bauticé a la familia de Estéfanas; de los demás, no sé si he bautizado a algún otro. Pues no me envió Cristo a bautizar, sino a predicar el evangelio; no con sabiduría de palabras, para que no se haga vana la cruz de Cristo.

A primera vista, uno podría pensar que Pablo aquí degrada el bautismo a una posición de un deber insignificante o aun a un hecho optativo. Después de todo, él da gracias a Dios porque bautizó a sólo algunas personas (vv. 14, 16), y dice que su propia comisión no era bautizar sino predicar el evangelio (v. 17). Pero esta es una lectura incompleta y distorsionada del pasaje por varias razones.

Primero, hace caso omiso de la razón por la cual Pablo está contento que bautizó a sólo unos pocos; come dice el versículo 15: "para que ninguno diga que fuisteis bautizados en mi nombre". ¿Por qué es importante esto? Porque en la iglesia primitiva, el bautismo era tan importante que el agente humano que lleva a cabo el bautismo a menudo era hecho objeto de una lealtad que rivalizaba la adoración a Cristo y se llevaba a facciones dentro de la iglesia (vea vv. 12-13). Este peligro era aun más agudo si el que bautizaba tenía una prominencia o autoridad inherente, tal como Pedro, Pablo o Apolos. Pablo está contento que sólo bautizó a unos cuantos para que el círculo de sus convertidos no pudiera usar esto como manera de distinguirse de otros cristianos. Su razonamiento presupone la importancia del bautismo, no su insignificancia.

Segundo, la comisión de Pablo (v. 17) no podría ser diferente materialmente de aquella dicha por Cristo en Mateo 28:19-20. Aunque la tarea específica de Pablo era predicar el evangelio, esto no debía ser separado del bautismo. Sencillamente, quiere decir que él no tenía que llevar a cabo los bautismos personalmente; podía dejar esta parte de la comisión a otros, y así evitar la posibilidad de división. Obviamente, él supuso que todos sus convertidos (y aun todos los cristianos) habían sido bautizados, puesto que frecuentemente él se refería a su bautismo en su enseñanza (ve Romanos 6:3ss; Gálatas

Capítulo uno — Mateo 28:19-20

3:27). Pablo enfatiza la prioridad de su predicación puesto que la predicación siempre tiene precedencia sobre el bautismo en el sentido que siempre tiene que venir primero. Sin la predicación, ni siquiera habría fe alguna (Romanos 10:14); y sin fe, no habría siquiera bautismo.

Tercero, la enseñanza extensa de Pablo en otros pasajes sobre el significado importante del bautismo (como se presenta en los capítulos 7—12 más adelante) no estaría consistente con el punto de vista que él está denigrando el bautismo en este pasaje.

Por fin, tal punto de vista contradice la lección principal sobre el bautismo que se aprende de 1 Corintios 1:10-17, es decir, que se le considera suficientemente importante para ser incluido en la lista en la compañía más exclusiva. El versículo 13 dice: "¿Acaso está dividido Cristo? ¿Fue crucificado Pablo por vosotros? ¿O fuisteis bautizados en el nombre de Pablo?" Aquí vemos tres cosas que deben considerar aquellos que están en peligro de dividir la iglesia a causa de sus lealtades secundarias a líderes humanos. (a) La iglesia es el cuerpo de Cristo. Cuando dividen la iglesia, dividen su cuerpo mismo. ¿Quieren ser culpables de tal ofensa? (b) Fue Cristo quien fue crucificado por ustedes; fue Cristo quien efectuó el hecho que compró a la iglesia con su propia sangre. No mi (Pablo) pongan en este nivel exaltado con Cristo; no les he redimido. (c) Fueron bautizados en el nombre de Cristo, no el de Pablo. No agreguen ningún nombre humano a este acto que los relaciona con la única cabeza de la iglesia.

> ¿Por qué introduciría Pablo el tema del bautismo, si no estuviera entre los aspectos más vitales y serios de la existencia misma y la vida misma de la iglesia?

La cuestión es ésta: ¿Por qué introduciría Pablo el tema del bautismo, especialmente conjuntamente con los eventos transcendentales de la crucifixión de Cristo y la posibilidad de la división del cuerpo de Cristo, si no estuviera entre los aspectos más vitales y serios de la existencia misma y la vida misma de la iglesia? ¿Cómo podía él tan enfáticamente, en un solo enunciado, recordarles quién fue crucificado por ellos y del nombre en el cual

Capítulo uno — Mateo 28:19-20

fueron bautizados, si el bautismo no fuera en algún sentido digno de tal conjunción?

Otro pasaje que saca el bautismo de la categoría de las buenas obras cristianas y revela su importancia única es Efesios 4:4-6, que enumera las siete bases fundamentales por la unidad cristiana: "un cuerpo, y un Espíritu, como fuisteis también llamados en una misma esperanza de vuestra vocación; un Señor, una fe, un bautismo, un Dios y Padre de todos, el cual es sobre todos, y por todos, y en todos". ¡De nuevo nos impresiona la compañía en que se encuentra el bautismo! Si el bautismo es relativamente insignificante, o aun si sólo tiene una importancia igual con otros mandamientos y deberes cristianos, ¿por qué estaría puesto en relieve y colocado aquí junto a cosas que ocupan una esfera mucha más alta de importancia? Sus compañeros son las tres personas de la Trinidad, la iglesia (un cuerpo), el cielo (una esperanza), y la fe. Que si "una fe" es objetiva (el único cuerpo de doctrina que se cree) o subjetiva (nuestra actitud común de creer) es un asunto discutido. Aunque fuera esta última, entonces la fe es el único otro acto personal (aparte del bautismo) que está incluido en la lista. ¿Cómo podemos dejar de ver la importancia de la inclusión del bautismo aquí, en algún sentido comparable, al menos, con la importancia de la fe misma? (Ve Hebreos 6:1-2 para otra lista semejante.)

Tales pasajes come estos nos ayudan a apreciar los términos de la Gran Comisión en Mateo 28:19-20. Nos ayudan entender porqué el bautismo está mencionado específicamente y separado de la observancia de todas las cosas mandadas por Jesús. El bautismo no es sólo la obediencia a otro mandamiento, algo típico de nuestro deber cristiano en su totalidad. Más bien, tiene un lugar único en la comisión y en el proceso de discipular.

Se derrama la luz sobre la naturaleza de esta unicidad en la narrativa de una instancia dirigida divinamente de la realización de la Gran Comisión: Felipe y el eunuco, Hechos 8:26-40. En el contexto del evangelismo, con una vista a la conversión del eunuco, Felipe "le anunció el evangelio de Jesús" (v. 35). Éste es el resumen en una sola

Capítulo uno — Mateo 28:19-20

palabra de su predicación: Jesús. La única respuesta a esta predicación que tenemos escrita es la exclamación del eunuco: "Aquí hay agua; ¿qué impide que yo sea bautizado?" (v. 36). No podemos evadir la conclusión que la predicación evangelística acerca de Jesús incluye el imperativo del bautismo. En los términos de la Gran Comisión en Mateo 28:19-20, el bautismo es algo que es enseñado antes de la conversión con vista al hacerse un discípulo, mientras "enseñándoles que guarden todas las cosas que os he mandado" sigue a la conversión y trata con los detalles de la vida cristiana.

II. En el nombre

El elemento en el texto mismo que confirma la importancia única del bautismo es la expresión "en el nombre del Padre, y del Hijo, y del Espíritu Santo" (v. 19). El individuo es bautizado literalmente "en el nombre" (griego—eis to onoma) de la Trinidad. ¿Cuál es el significado de esta expresión, y qué nos dice acerca del significado del bautismo?

En el mundo bíblico el nombre de una persona no era sólo una manera arbitraria de identificación, sino que era considerado intrínsecamente relacionado con la persona misma, representando sus cualidades, su carácter y su misma naturaleza. Así, "el nombre del Padre, y del Hijo, y del Espíritu Santo" (sólo un nombre) representa las mismas personas de la Trinidad. El ser bautizado en el nombre de la Trinidad es, nada menos que, ser bautizado en la Trinidad misma.

Lo que significa esto puede ser explicado más precisamente cuando entendemos cómo la expresión "en el nombre" era usada en los tiempos neotestamentarios. Muchos piensan que Jesús probablemente hablaba el idioma arameo; así que la frase debería ser entendida en su sentido semítico. El equivalente semítico básico tenía un significado muy general, o sea, "con respecto a" o "en cuanto a". Sin embargo, en la usanza rabínica, comúnmente tenía el significado final más específico. En este sentido una acción hecha "en el nombre" de algo era hecha para cierto fin o intención relacionada con ella. Entonces, Jesús nos comisionó a bautizar a la gente por un

Capítulo uno — Mateo 28:19-20

propósito relacionado a la Trinidad, o en una relación específica con la Trinidad.²

La naturaleza precisa de esta relación puede ser aprendida del uso de la frase griega escogida por Mateo (y aprobada por el Espíritu Santo vía la inspiración) para traducir el origen semítico que la puede haber precedido. La frase es "eis to onoma", que era un término técnico usado en el mundo griego de negocios y comercio. Era usado para indicar la entrada de una cantidad de dinero o algún artículo de propiedad a la cuenta que llevaba el nombre de su dueño.³ Su uso en Mateo 28:19-20 indica que el propósito del bautismo es el unirnos con el Dios Trino en una relación de propiedad; nos hacemos su propiedad en una manera especial e íntima.⁴ Como lo dice M. J. Harris, puesto que la frase denota la transferencia de propiedad, en Mateo 28:19 significa que "la persona que se bautiza pasa a ser propiedad del Dios Trino".⁵

De este significado específico de la frase, podemos ver por qué somos bautizados "en el nombre" de la Trinidad en su totalidad. Dios el Padre pagó el precio para adquirirnos como su propiedad, es decir, la sangre de Dios el Hijo (1 Corintios 6:19-20; 1 Pedro 1:18-19). También aplica el sello que nos marca como suyo, es decir, Dios el Espíritu Santo (Efesios 1:13). Todo esto viene a estar bien enfocado en el bautismo, donde el precio de compra — la sangre de Cristo — nos es aplicado (Romanos 6:3-4; Colosenses 23:12) y la marca de posesión — el Espíritu Santo — nos es dado (Hechos 2:38). Así que,

---

² Hans Bietenhard, "onoma, etc.", Theological Dictionary of the New Testament [Diccionario teológico del Nuevo Testamento], editor Gerhard Friedrich, traductor al inglés Geoffrey W. Bromiley (Grand Rapids: Eerdmans, 1967), V:274-275.

³ Albrecht Oepke, "baptw, etc.", Theological Dictionary of the New Testament [Diccionario teológico del Nuevo Testamento], editor Gerhard Kittel, traductor al inglés Geoffrey W. Bromiley (Grand Rapids: Eerdmans, 1964), I:539.

⁴ Ve G. R. Beasley-Murray, Baptism in the New Testament [El bautismo en el Nuevo Testamento] (Grand Rapids: Eerdmans, 1962), pp. 90-91.

⁵ Murray J. Harris, "Appendix: Prepositions and Theology in the Greek New Testament", The New International Dictionary of New Testament Theology ["Apéndice: Preposiciones y teología en el Nuevo Testamento en griego", El nuevo diccionario internacional de teología novotestamentario], editor Colin Brown (Grand Rapids: Zondervan, 1978), III:1209.

Capítulo uno — Mateo 28:19-20

somos bautizados "en el nombre del Padre, y del Hijo, y del Espíritu Santo"; nos hacemos la propiedad especial de Dios mismo en el acto del bautismo. ¡Con razón se le pone en relieve en la comisión al tener una importancia única!

III. Una condición nueva

La discusión de Mateo 28:19-20 ha sugerido que el bautismo no debe ser igualado a los actos ordinarios de obediencia, más bien debe ser considerado como una experiencia de conversión que efectúa una unión con Dios mismo. De esta manera, lo que se sabe aun de este solo pasaje justifica la valoración de que el bautismo tiene un significado salvador — una conclusión que será aún más ineludible en vista de los otros pasajes que serán discutidos más adelante. De hecho, parecería que Dios está instituyendo el bautismo como una nueva condición para salvación en la era del Nuevo Testamento, además de lo que se requería en los tiempos pre-cristianos (o sea, fe y arrepentimiento). ¿Por qué sería cierto esto? La respuesta puede encontrarse en Mateo 28:19-20 al reflexionar sobre el hecho de que el bautismo cristiano es el bautismo en el nombre de la Trinidad.

Algunos pueden hallar difícil el aceptar la idea que Dios añadiría una condición para la salvación en la era mesiánica, de esta manera aparentemente haciendo más difícil el ser salvo hoy día que en el período del Antiguo Testamento. Si la fe y el arrepentimiento podían asegurar una relación correcta con Dios en aquel entonces, ¿por qué debería ser diferente ahora? La respuesta radica en el mero hecho de que hemos pasado a una nueva era, una era marcada especialmente por los logros verdaderos de redención y una revelación más completa de la naturaleza trinitaria de Dios en conexión con estas obras. Esta transición es tan radical que no sólo se añade una nueva condición, sino aun las anteriores condiciones han sido cambiadas.

No se ha prestado suficiente atención al hecho de que la fe requerida para

> No se ha prestado suficiente atención al hecho de que la *fe* requerida para salvación en esta era no es la misma fe que la que bastaba en la era más temprana.

Capítulo uno — Mateo 28:19-20

salvación en esta era no es la misma fe que la que bastaba en la era más temprana. En aquella era, cualquier persona que se sometía al señorío exclusivo del Dios de Israel y confiaba en su promesa de misericordia, era aceptado por Dios. Esto incluía a todos los judíos que pusieron su confianza de corazón en el único Dios quien se reveló a sí mismo en medio de ellos, y también a cualquier de los gentiles que conocieron esta revelación del verdadero Dios y lo siguieron de corazón. Unos ejemplos de este último son los ninivitas en el tiempo de Jonás (Jonás 3:10), y Cornelio aun antes de conocer a Cristo (Hechos 10:1-2).

Sin embargo, es muy sobrio el reconocer que la fe que bastaba para salvación y marcaba a uno como devoto en aquella época ya no era suficiente una vez que aquella persona había llegado a conocer la revelación más completa del Evangelio del Nuevo Testamento. Una vez conocidos los hechos del Evangelio, aun el creyente más devoto en el Antiguo Testamento tenía que hacer frente a esta elección: o aceptar la más completa revelación del Dios de Israel, o ser transferido a la categoría de incrédulo. Una persona podía ser salvo en un momento por su fe en el Dios que conocía por la revelación del Antiguo Pacto, y estar perdida en el siguiente momento al rechazar aceptar a Jesús como la presencia redentora y la más completa revelación de este mismo Dios. Ciertamente los miles reunidos en Jerusalén en el tiempo de Pentecostés (Hechos 2) incluían a algunos de los judíos más devotos, la "flor y nata" espiritual, para así decirlo. Pero una vez que habían oído el Evangelio, se les contaba como pecadores a menos que, y hasta que, aceptaban a Jesús como su Salvador. Esto habría sido cierto en cuanto a cualquier audiencia judía que era evangelizada en este período algo difícil de transición de la fe del Antiguo Testamento a la fe del Nuevo Testamento, incluyendo a Saúl (quien oyó el sermón de Esteban, Hechos 7:57—8:1) y el eunuco (quien fue evangelizado por Felipe, Hechos 8:26ss.) Este punto es obvio en la analogía de Pablo del árbol de olivo en Romanos 11:16ss, donde dice que los judíos que creían anteriormente (ramas naturales del árbol) fueron cortados del árbol por su incredulidad (v. 20) pero pueden ser injertados de nuevo si no continúan en su incredulidad (v. 23).

Capítulo uno — Mateo 28:19-20

Dos cosas explican este cambio radical en la naturaleza de la fe salvadora. En primer lugar, las obras verdaderas de redención ahora son hechos logrados, y la fe salvadora debe ser dirigida hacia ellas específicamente y no sólo hacia las promesas generales de un Dios misericordioso. Ahora sabemos que el perdón de los pecados es posible sólo por la sangre de Cristo derramada en la cruz; por eso, la fe ahora debe ser "fe en su sangre" (Romanos 3:25). Ahora sabemos que la vida eterna es posible sólo por la resurrección de Jesús de la muerte; así que ahora se debe "creer en su corazón que Dios lo levantó de los muertos" (Romanos 10:9). Ahora sabemos que desde Pentecostés, el Espíritu Santo ha sido derramado del cielo y nos es ofrecido como una presencia regeneradora y santificadora; así que nuestra fe ahora debe abrazar esta promesa específica del Espíritu (Hechos 2:38-39).

La segunda cosa que requiere un cambio en la naturaleza de la fe salvadora es el hecho de que estas obras de redención han sido realizadas por un Dios quien es trino en naturaleza. Aunque el concepto de la Trinidad fue presagiado en la revelación del Antiguo Testamento, su realidad nunca fue hecha explícita. Pero cuando llegó el tiempo para que la obra redentora de Dios fuera en realidad llevada a cabo, la Trinidad del ser de Dios ya no podía ser ocultada, puesto que los distintos actos de la redención fueron realizados por distintas personas dentro de la Trinidad. De esta manera, cualquier fe salvadora en Dios hoy en día debe ser en el Dios quien en realidad nos ha salvado, a decir, el Dios quien es Padre, Hijo y Espíritu Santo. Una negación de la Trinidad no es menos que una negación del mismo estado de Dios como Salvador. Estas dos cosas—la fe en el único Dios quien es tres personas, y la fe en las obras salvadoras de Dios—ahora están inseparablemente unidas.

Ésta es la razón por la adición del bautismo como una nueva condición en esta era. El cambio en el contenido de la fe salvadora hizo necesario añadir esta condición sumamente apropiada, no como una nueva condición en sí, sino como una expresión concreta de esta fe misma que es radicalmente diferente. Hace abundantemente claro el hecho de que el tipo de fe en Dios del Antiguo Testamento

Capítulo uno — Mateo 28:19-20

ya no basta, y que uno debe comprometerse a la fe en el Dios Trino para salvación. He aquí también la razón porqué el bautismo es un bautismo específicamente en el nombre del Padre y del Hijo y del Espíritu Santo. En este acto, el papel exclusivo de Dios el Hijo en nuestra redención está grabado indeleblemente en nuestras mentes, porque en el bautismo somos sepultados en su muerte y resurrección por la remisión de nuestros pecados (Romanos 6:3-5; Hechos 2:38). En este acto, la presencia de Dios el Espíritu se hace una realidad en nuestras vidas, porque el bautismo es el tiempo que Dios ha escogido para darnos "el don del Espíritu Santo" (Hechos 2:38). Es la manera en que Dios nos requiere elevar nuestra fe al nivel de la revelación del Nuevo Testamento de la dimensión trinitaria de la misma naturaleza de Dios y de la obra misma de salvación.

Es por eso que ningún bautismo antes del Pentecostés podría ser igualado al bautismo cristiano. El bautismo de Juan fue dado y practicado en la era de la fe del Antiguo Testamento, antes de que la redención trinitaria hubiera sido realmente llevada a cabo y antes de que una relación trinitaria con Dios aun fuera posible. De hecho, fue un "bautismo del arrepentimiento para perdón de pecados" (Lucas 3:3), pero la relación específica con la cruz y la sangre de Cristo todavía no podía ser explicada. También, el don del Espíritu Santo aún no era disponible (Juan 7:37-39). Por eso es un error grave el pensar que el bautismo de Juan y el bautismo cristiano son el mismo en su significado e importancia.

> Es un error grave el pensar que el bautismo de Juan y el bautismo cristiano son el mismo en su significado e importancia.

En el día de Pentecostés, no se permitió ninguna excepción para aquellos que podían haber recibido el bautismo de Juan: "Arrepentíos y bautícese cada uno de vosotros" (Hechos 2:38). Pablo confirió el bautismo cristiano a aquellos que habían recibido sólo el bautismo de Juan, específicamente porque este último carecía del contenido trinitaria (Hechos 19:1-6). Se puede aprender pocas lecciones serias acerca del bautismo cristiano de la práctica del bautismo de Juan, incluyendo su bautismo de Jesús. No es apropiado usar el bautismo de Jesús como modelo o ejemplo para el bautismo hoy, ni en su necesidad ni en su significado.

Capítulo uno — Mateo 28:19-20

La relación entre el bautismo y la Trinidad es, entonces, de suma importancia, y el significado que este acto recibe de su conexión inseparable con la fe trinitaria es difícil de exagerar. Cuando atribuimos al bautismo un significado en alguna manera menos que el que está descrito en el Nuevo Testamento y en Mateo 28:19-20 en particular, estamos debilitando el significado de la profunda transición histórica de la fe pre-trinitaria en Dios en el Antiguo Testamento a la fe trinitaria del Nuevo Testamento, una transición que Jesucristo mismo ha ligado al bautismo cristiano. También, cuando no usamos la fórmula trinitaria en el servicio bautismal mismo, estamos haciendo a un lado uno de los elementos principales de esta nueva era. Tal negligencia no necesariamente invalida un bautismo, pero seguramente muestra poco respeto por la Gran Comisión de Jesús, y desperdicia una oportunidad fundamental para testificar de nuestra fe trinitaria y para convencer al converso del hecho de que debe su salvación a la obra del Padre y del Hijo y del Espíritu Santo.[6]

Resumen

Acerca del significado del bautismo como es reflejado en Mateo 28:19-20, hemos establecido los siguientes puntos: Primero, el mero hecho de que el bautismo está mencionado específicamente en la comisión y también el hecho de que está distinguido de los actos de obediencia ordinaria indican que tiene una importancia única en el proceso del discipulado. Segundo, la esencia de esta importancia es que el bautismo es "en el nombre" del Dios Trino; en él nos convertimos en una posesión de Dios mismo. Finalmente, la necesidad del Nuevo Pacto de una fe específicamente trinitaria es la razón fundamental por añadir el bautismo como una nueva condición de la salvación, puesto que por su diseño nos relaciona a la Trinidad tanto en símbolo como en hecho.

---

[6] Algo de este material ya ha sido presentado en el libro por este autor, What the Bible Says About God the Redeemer [Lo que la Biblia dice acerca de Dios el Redentor] (Joplin, MO: College Press, 1987), pp. 171-173.

Marcos 16:15-16

La siguiente referencia en el Nuevo Testamento al bautismo cristiano está en el resumen de Marcos de la Gran Comisión: "Y les dijo: Id por todo el mundo y predicad el evangelio a toda criatura. El que creyere y fuere bautizado, será salvo; mas el que no creyere, será condenado" (Marcos 16:15-16). Puesto que este pasaje aparece en una sección disputada del texto griego, uno podría argüir que no debería ser tratado aquí de ninguna manera. Los últimos versículos de Marcos (16:9-20) aparecen en la versión Textus Receptus del testamento griego, pero evidencias de manuscritos más recientes han llevado a la mayoría de los estudiados a concluir que fueron agregados más tarde al evangelio de Marcos y, por lo tanto, no deberían ser considerados parte del canon inspirado. Los editores de las Sociedades Unidas Bíblicas Texto Griego dictan que es "virtualmente seguro" que los versículos 9-20 deberían ser omitidos.

Sin intentar resolver el asunto textual, procederemos bajo la suposición básica de que Marcos 16:16 es canónico. Aun si esto se comprobase falso (que en realidad aparenta ser la conclusión más probable), no sería disminuida la doctrina bíblica sobre el bautismo. No se aprende nada de este versículo que no puede aprenderse de otras enseñanzas neotestamentarias sobre el bautismo.

Capítulo dos — Marcos 16:15-16

I. El bautismo y la fe

Es aceptado universalmente que la fe es, y siempre ha sido, una condición esencial para la salvación. Vea Juan 3:16; Hechos 16:31; Efesios 2:8. Lo que primero nos impresiona acerca de Marcos 16:16 es que la fe y el bautismo están unidos muy íntimamente en este contexto. Si algo fuese a ser introducido a tal relación con la fe, hay otras cosas que quizás, al principio, parecerían más apropiadas que el bautismo. Por ejemplo, no nos hubiera sorprendido leer: "El que ha creído y ha invocado el nombre del Señor será salvo" (Hechos 2:21). O, "el que ha creído y se ha arrepentido será salvo" (Marcos 1:15; Hechos 20:21). O, "el que ha creído y ha confesado a Cristo será salvo" (Romanos 10:9-10). Las acciones tales como la oración, el arrepentimiento y la confesión parecerían tener algún parecido de parentesco con la fe, mientras el bautismo parece ser totalmente otro tipo de acto.

Es por eso que es tan importante notar la conjunción cercana de la fe y el bautismo en esta comisión. Debería causar que reexaminemos nuestras preconcepciones acerca del bautismo y reconozcamos que no es tan diferente de la fe después de todo. Esto se muestra en otros pasajes que unen a los dos. Ya hemos comentado sobre Efesios 4:5 en el capítulo anterior. Dos otros que deberían ser notados cuidadosamente son Gálatas 3:26-27 y Colosenses 2:12. Beasley-Murray nota y documenta el hecho de que en el Nuevo Testamento todos los dones de la gracia prometidos a la fe también son prometidos al bautismo.[7]

> En el Nuevo Testamento todos los dones de la gracia prometidos a la fe también son prometidos al bautismo.

¿Cuál es el enfoque de la fe que se nos impone en Marcos 16:16? Como toda fe salvadora, debe ser dirigida hacia las promesas de Dios de misericordia y salvación. En esta edad, debe ser dirigida específicamente hacia Jesucristo y su obra salvadora de expiación y resurrección. Ésta es una razón por que la fe tiene una afinidad

---

[7] Beasely-Murray, Baptism in the New Testament [El Bautismo en el Nuevo Testamento], pp. 272-273.

natural con el bautismo, o sea, porque el bautismo en su mera acción simboliza la muerte, la sepultura y la resurrección de Cristo (ve Romanos 6:3ss). La palabra de Dios de promesa, que creemos, está visualizada en el bautismo cristiano para que el bautismo mismo se haga un tipo de visualización de la fe.

Pero aún hay más. El bautismo no sólo encarna los objetos principales de nuestra fe y las promesas conectadas con ello, sino que también es en sí mismo una promesa (vea la Sección III más adelante): "El que creyere y fuere bautizado será salvo". Por lo tanto, no sólo es la fe salvadora el creer lo que Dios ha prometido hacer en la muerte y resurrección reales de Cristo (es decir, expiar nuestros pecados y conquistar la muerte), sino también es el creer lo que él ha prometido hacer en el bautismo mismo (o sea, aplicar la sangre expiatoria de Cristo a nosotros personalmente y levantarnos de nuestra muerte espiritual—Romanos 6:3ss; Colosenses 2:12). Así podemos concluir que es de lo más apropiado que la fe y el bautismo sean puestos juntos como, en cierto sentido, condiciones conjuntas para la salvación.

II. El bautismo y la salvación

Otra cosa que sobresale aquí es la conexión inequívoca y clara entre el bautismo y la salvación: "El que haya creído y haya sido bautizado será salvo". Tal declaración es consistente con la conclusión sacada de la discusión de Mateo 28:19-20, que el bautismo es ahora una condición para la salvación. Aquellos que oyeron o leyeron esto por primera vez deben haberlo entendido de esta manera; es la única lectura natural de las palabras. Por designación divina, algo de la eficacia salvadora se lleva a cabo en el bautismo cristiano. Esto está de acuerdo con 1 Pedro 3:21: "El bautismo ... ahora nos salva".

La salvación no está limitada en manera alguna; no podemos verla como algo menos que la plena salvación, incluyendo el perdón de los pecados y el don del Espíritu Santo (ve Hechos 2:38). Puesto que el bautismo y la fe están puestos juntos como condiciones conjuntas, la salvación ofrecida al baptismo, debe ser la misma ofrecida para la fe en sí. La salvación ofrecida a los pecadores en una situación

Capítulo dos — Marcos 16:15-16

evangelística debe, por lo tanto, ser ofrecida bajo las condiciones de fe y bautismo.

La misma pregunta surge aquí como en Mateo 28:19-20, o sea, si el bautismo no tiene este significado salvador especial, ¿por qué debería ser mencionado aquí en la comisión de manera alguna? Si su conexión con la salvación no es diferente de aquella de cualquier otra buena obra cristiana u obediencia cristiana, ¿por qué está el bautismo señalado solo para este honor elevado? ¿Por qué no leemos: "El que ha creído y fielmente tomado la Cena del Señor será salvo"? O, "¿el que ha creído y dado a los pobres será salvo"? O, "¿el que ha creído y ha sido fiel a su esposa será salvo"? Aunque todos estos deberes son muy importantes, ninguno es escogido para este honor; y lo entendemos. Sólo el bautismo merece inclusión en la Gran Comisión y una relación con la salvación comparable sólo a la fe misma; necesitamos intentar entender esto también.

Algunos estarán renuentes a sacar la conclusión obvia de este pasaje porque la segunda parte (negativa) omite referencia alguna al bautismo. "El que no creyere será condenado". Si el bautismo es una condición para salvación, ¿por qué no se lee así: "El que no creyere y no ha sido bautizado será condenado"? Sea cual fuere la razón, esta omisión no puede ser usada legítimamente para negar la fuerza de la primera cláusula. Si no hay una relación íntima entre el bautismo y la salvación, entonces la inclusión del bautismo en la declaración en sí no es necesaria y aun hasta engañosa.

¿Por qué, entonces, la omisión? Dos razones han sido sugeridas, ambas involucrando la prioridad inherente de la fe en el proceso de salvación. Primero, cuando se le compara con cualquier otra cosa que el pecador puede o debe hacer para recibir salvación, la fe es básica en el sentido de que tiene una prioridad cronológica fundamental. En primer lugar, la persona que no cree, probablemente no buscará el bautismo; y, aun si lo hiciera, no tendrá significado sin la fe. Así que no hay necesidad de mencionar ambos la fe y el bautismo en la cláusula negativa, puesto que la eficacia del

> La eficacia del bautismo presupone la presencia de la fe.

Capítulo dos — Marcos 16:15-16

bautismo presupone la presencia de la fe (vea Colosenses 2:12). La siguiente declaración es comparable: "El que prende su televisión y la sintoniza al canal 5 verá el programa; el que rehusa encender su televisión perderá el programa". Puesto que el encender la televisión es básico a todo lo demás, no hay necesidad de mencionar el canal en la segunda cláusula. Asimismo, aun si la sintoniza al canal 5 pero no la enciende, todavía perderá el programa.

Ésta es la explicación más razonable por la omisión del bautismo en la segunda cláusula, que más probablemente sería entendida de esta manera por cualquiera que viera la declaración por primera vez y sin prejuicio teológico. Una segunda explicación posible ha sido sugerida, sin embargo, que distingue entre lo que es absolutamente necesario para salvación comparado con lo que es sólo relativamente necesario. La idea es que, aun si el bautismo ha sido designado por Dios como una parte necesaria del proceso de salvación en la era neotestamentaria, aún tiene sólo una necesidad relativa y se le puede dispensar en circunstancias extraordinarias. La única condición absoluta e inherentemente necesaria para salvación es la fe; así que ella sola es mencionada en la segunda cláusula. Se puede concebir que uno podría ser salvo sin el bautismo, pero no sin la fe.

Esta distinción ha sido reconocida a través de la historia del cristianismo. El "bautismo de sangre" y el "bautismo de deseo" han sido aceptados como sustitutos válidos para el bautismo en agua en circunstancias donde el bautismo en agua es físicamente imposible. El "bautismo de sangre" se refiere al martirio; se refiere a una situación en la cual una persona ha puesto su fe en Cristo pero es martirizada por su fe antes de tener la oportunidad de ser bautizada. (Esta posibilidad era muy frecuente en los primeros siglos cristianos cuando la fe inicial y el bautismo eran separados a menudo por períodos largos de instrucción de catequesis.) El "bautismo de deseo" se refiere a cualquier situación en la cual un creyente honestamente desea cumplir con la condición del bautismo pero es prevenido por circunstancias físicas irremediables, por ejemplo, confinado a la prisión, clavado en una cruz, atrapado bajo fuego enemigo, perdido en un desierto. En

Capítulo dos — Marcos 16:15-16

tales casos, es razonable asumir que Dios "toma la voluntad por el hecho" y salva a la persona sin el bautismo, mientras cree en el Señor Jesucristo.

En esta conexión debemos tener cuidado de no cometer un error que es muy común dentro del protestantismo, o sea, desvirtuar la distinción entre necesidad absoluta y relativa en referencia al bautismo. Es una práctica común citar a una situación en la cual el bautismo en agua para un creyente es imposible (por ejemplo, perdido en un desierto) y concluir de la tal que el bautismo no tiene una conexión necesaria con la salvación de manera alguna. Esto es decir, un ejemplo que, a lo más, comprueba que el bautismo no es absolutamente necesario se usa para comprobar que no es necesario ni aun bajo circunstancias ordinarias. Esto es un non sequitur: no procede. Bajo cualquier circunstancia normal donde el bautismo en agua es de alguna manera posible, es una condición para salvación: "El que creyere y fuere bautizado será salvo".

> Bajo cualquier circunstancia normal donde el bautismo en agua es de alguna manera posible, es una condición para salvación.

"El ladrón en la cruz" se usa comúnmente en una manera equivocada en este contexto. En primer lugar, cómo fue salvado el ladrón creyente es irrelevante para la era cristiana puesto que él todavía estaba bajo el Antiguo Pacto y el bautismo cristiano aún no existía. En segundo lugar, aún si su caso fuere relevante, sería sólo un ejemplo del "bautismo de deseo" (no de sangre ni de martirio) y comprobaría sólo que el bautismo no comparte la necesidad absoluta de la fe. No dice nada de lo que sería requerido bajo circunstancias ordinarias; no puede ser usado para negar la afirmación clara y sencilla de la primera cláusula de Marcos 16:16.

III. El bautismo como promesa

Mucha gente tendrá dificultad en aceptar una relación tan estrecha entre el bautismo, la fe y la salvación como la enseña Marcos 16:16. Esto es por causa de la amplia aceptación de la idea tratada anteriormente, que el bautismo es sólo uno de muchos mandamientos

Capítulo dos — Marcos 16:15-16

dirigidos a los cristianos, la obediencia al cual constituye "buenas obras". Hay que entender que la esencia básica del bautismo es más una promesa que un mandamiento.

Mandamientos son principalmente los imperativos del Creador y Dador de la ley a sus criaturas como criaturas. Nos dicen lo que deberíamos hacer para ser fieles a nuestra propia naturaleza y para honrar a Dios: "Haz esto". Por otra parte, promesas son básicamente la palabra de Dios el Redentor a sus criaturas como pecadores. Nos dicen lo que Dios ha hecho y hará para salvarnos: "Yo he hecho esto; haré aquello".

El bautismo cae más en esta última categoría que en la primera. En el imperativo del bautismo, Dios no nos manda a hacer algo, sino que promete hacer algo para nosotros. El que creyere y fuere bautizado, será salvo: ésta es una promesa. El que se arrepiente y es bautizado para la remisión de pecados, recibirá el don del Espíritu Santo: ésta es una promesa (Hechos 2:38-39). ¿No es esto lo que el pecador necesita? No necesita más mandamientos o leyes; necesita la promesa de ayuda, la promesa de perdón, la promesa de una salida, un camino de escape de la situación difícil del pecado. Esto es exactamente lo que es el bautismo. Es la promesa de Dios de encontrarnos en aquel momento y darnos perdón y una nueva vida.

Así es cómo la persona que va a ser bautizada debería ser instruida a pensar acerca de su bautismo inminente. No tanto está obedeciendo un mandamiento, sino que está aceptando una promesa del Dios misericordioso, la promesa de algo que necesita desesperadamente. En Marcos 16:16 la forma misma de la declaración es la de una promesa. Es verdad (cierto), que a veces la instrucción respecto al baptismo está en la forma gramatical de un mandamiento, como en Hechos 2:38 y 22:16. Mas en esencia estos imperativos no tienen el carácter de "las órdenes del jefe". Son más bien comparables a las instrucciones de un doctor a alguien quien está muy enfermo: "¿Quieres aliviarte? Entonces, toma esta medicina". Aunque la instrucción está en la forma gramatical de un imperativo, el enfermo no responderá a ella como si estuviere obedeciendo un mandamiento.

Capítulo dos — Marcos 16:15-16

La aceptaría como una palabra de promesa y esperanza; cumpliría con grandes esperanzas de recibir los beneficios del conocimiento y obra del doctor. Los imperativos tocante al bautismo también pueden ser comparados con las palabras de un rescatador que tira una soga a un hombre que se ahoga: "¡Agarra esta soga!" Él agarraría la soga inmediata y agradecidamente como una promesa de salvación. Asimismo cuando el pecador oye la palabra: "Bautízate", debería responder en aceptación de la promesa de salvación: "El que creyere y fuere bautizado, será salvo".

Esto se aplica no sólo al pecador que está a punto de ser bautizado, sino también a los cristianos cuyo bautismo es un evento del pasado. Esto es especialmente significativo cuando comenzamos a desanimarnos en nuestro crecimiento cristiano o somos tentados a dudar de nuestra salvación. Podemos mirar hacia atrás a aquel punto concreto y objetivo de referencia en nuestra experiencia donde Dios prometió cubrir nuestros pecados con la sangre de su amado Hijo y aceptarnos de allí en adelante como si nunca hubiéramos pecado. Así que la promesa del bautismo es una fuente de fortaleza y ánimo continua durante nuestra vida cristiana.

> Dios prometió cubrir nuestros pecados con la sangre de su amado Hijo.

IV Resumen

¿Qué es lo que aprendemos de Marcos 16:15-16 acerca del significado del bautismo? En primer lugar, el hecho de que está íntimamente unido con creer sugiere que tiene más del carácter de fe que de obras. En segundo lugar, Dios ha señalado el bautismo como una condición para salvación en cualquier situación normal en donde puede ser efectuado. En tercer lugar, la esencia del bautismo es más semejante a una promesa que a un mandamiento.

Juan 3:3-5

*E*l tercer pasaje neotestamentario que reflexiona sobre el significado del bautismo es Juan 3:3-5, que es parte de la conversación de Jesús con Nicodemo acerca de la necesidad del nuevo nacimiento:

> Respondió Jesús y le dijo: De cierto, de cierto te digo, que el que no naciere de nuevo, no puede ver el reino de Dios. Nicodemo le dijo: ¿Cómo puede un hombre nacer siendo viejo? ¿Puede acaso entrar por segunda vez en el vientre de su madre, y nacer? Respondió Jesús: De cierto, de cierto te digo, que el que no naciere de agua y del Espíritu, no puede entrar en el reino de Dios.

Aunque no todos están de acuerdo en que la palabra agua en el versículo 5 se refiere al bautismo, los argumentos son tan fuertes a favor de esto que ha sido el punto de vista predominante a través de la historia cristiana.

I. El agua y el bautismo

Si el agua en Juan 3:3-5 no se refiere al bautismo, entonces ¿a qué se refiere? Dos alternativas principales han sido sugeridos. La primera es que algunos tratan de igualar el nacimiento del agua del versículo 5 al nacimiento físico, en que el agua se refiere al líquido amniótico. Aunque el versículo 4 introduce la idea del nacimiento físico en el contexto, el término para agua nunca es usado en este sentido en ninguna otra parte del Nuevo Testamento. El versículo 6

Capítulo tres — Juan 3:3-5

usa un término diferente para caracterizar el nacimiento físico, es decir "nacido de carne". Ésta es la expresión común para referirse al nacimiento físico al contrastarlo con el nacimiento espiritual o sobrenatural (Juan 1:13; Romanos 1:3; Gálatas 4:23, 29). Otro problema es que esta interpretación haría que el cristiano dijere: "Si una persona no nace físicamente, no puede ser salva", que es una afirmación difícil y enigmática.

La segunda alternativa principal es que aquí agua se usa figurativamente como un símbolo del Espíritu Santo. Tal figura puede ser encontrada en otras Escrituras, como en Isaías 44:3 y Juan 7:37-39. También es probable que la referencia de Jesús al "agua viva" en Juan 4:10-14 señala al Espíritu Santo, aunque este último no se menciona específicamente en el contexto. Así, tal uso en Juan 3:5 no sería extraño conceptualmente a la Biblia entera o al Evangelio de Juan en particular. En contra de este punto de vista es la naturaleza directa y prosaica de la declaración de Jesús en Juan 3:5 y la falta de algún indicio contextual de una intención figurativa para el término. Por ejemplo, aquí él sólo usa el término agua concisamente y sin calificación, pero en Juan 4:10-14 y 7:37-39 él habla acerca del Espíritu como agua viva. También en estos dos pasajes hay un contraste contextual entre el agua ordinaria y el agua viva que Jesús ofrece. Este contraste está ausente en Juan 3:5. Finalmente, en Juan 3:5 la expresión "nacido del agua y del Espíritu" es tan conciso y sucinto que, en realidad, no hay lugar para manipulaciones simbólicas (como existe en el paralelismo poético de Isaías 44:3, por ejemplo). Simplemente son dos sustantivos, ambos objetos de la única preposición "de" (ek) y unidos por la sencilla conjunción "y" (kai). Algunos han intentado identificar el agua y el Espíritu aquí al traducir kai como "aun", o sea, "nacido del agua, aun el Espíritu". Pero lo conciso de la expresión más las demás consideraciones mencionadas sólo permitiría esta interpretación si no hubiere otro referente razonable y fácilmente reconocible para la palabra agua. Esto no es el caso. En los contextos históricos y literarios el término agua inmediatamente traería a la mente la práctica común del bautismo en agua.

Capítulo tres — Juan 3:3-5

Cuando Nicodemo oyó por primera vez las palabras de Jesús, tuvo varias buenas razones para aplicarlas al bautismo. Nosotros, al leerlas hoy a la luz de otras enseñanzas neotestamentarias, tenemos éstas y aun más razones. La primera razón: la fama del ministerio de Juan el bautista, destacada por la novedad de que él bautizaba a judíos arrepentidos (en lugar de permitirles bautizarse a sí mismos, como en los bautismos de esenios y prosélitos), no puede ser enfatizada en demasía. Todo Israel sabía que Juan bautizaba en agua (ve Juan 1:26-31). Nicodemo tuvo que haber relacionado las palabras de Jesús con la obra de Juan.

> Cuando Nicodemo oyó por primera vez las palabras de Jesús, tuvo varias buenas razones para aplicarlas al bautismo.

La segunda razón: el mismo bautismo de Jesús por Juan, que debe haber sido ampliamente difundido en aquel día y que está escrito para nuestra lectura, involucró una conjunción del bautismo en agua y el descenso del Espíritu. Ve Mateo 3:16; Marcos 1:10; Lucas 3:21-22; Juan 1:32-33. Entonces, una referencia "al agua y el Espíritu" naturalmente causaría que pensáramos en el bautismo.

La tercera razón: la enseñanza de Juan el bautista contenía una énfasis fuerte sobre la distinción entre el bautismo en agua y el bautismo en el Espíritu. Ve Mateo 3:11; Lucas 3:16; Juan 1:33. Esto está resumido en Marcos 1:8: "Yo a la verdad os bautizo con agua; pero él os bautizará con Espíritu Santo". Entonces, otra vez, cuando se mencionan juntos a "el agua y el Espíritu" en Juan 3:5, pensaríamos muy naturalmente en el bautismo.

La cuarta razón: otro aspecto de la enseñanza de Juan era la relación entre su bautismo en agua y el reino venidero (Mateo 3:2). Así que en Juan 3:5, cuando Jesús relaciona el agua y el reino, de nuevo trae a la mente el bautismo.

Estas cuatro cosas podrían ser aplicadas a cualquier persona que conocía el ministerio de Juan el bautista, incluyendo a Nicodemo. La quinta y última razón por la cual se entiende que la referencia de Jesús al agua significa el bautismo sólo se aplicaría a aquellos que conocen la enseñanza de todo el Nuevo Testamento. Me refiero a la

Capítulo tres — Juan 3:3-5

relación entre los conceptos del bautismo, el nacimiento y la resurrección. Este pasaje se refiere a "ser nacido del agua". ¿Existen otros pasajes en el Nuevo Testamento que hablan específicamente del bautismo como un nacimiento? No, pero dos textos importantes hablan de él como una resurrección de una muerte espiritual, Romanos 6:4-5 y Colosenses 2:12. Esto es importante porque en las Escrituras la resurrección y el nacimiento están figurativamente entrelazados. Colosenses 1:18 y Apocalipsis 1:5 hablan de Jesús como el "primogénito de entre los muertos" (ve Romanos 8:29). Hechos 13:33 iguala la resurrección de Jesús con el día de su engendramiento. Entonces, "resucitado en el bautismo" y "nacido del agua" son conceptos equivalentes, y se justifica el entender a Juan 3:5 como una referencia al bautismo.

> "Resucitado en el bautismo" y "nacido del agua" son conceptos equivalentes.

Algunos que están de acuerdo de que esto se refiere al bautismo piensan que el bautismo de Juan o aun el bautismo de judíos prosélitos debe ser al que se refiere, puesto que son los únicos tipos del bautismo con los cuales Nicodemo estaba familiarizado. Sin embargo, no necesitamos limitar la referencia específica a algo dentro de su experiencia. Jesús enseñó públicamente acerca de otros eventos y bendiciones futuras sin explicarlos como tales. Habló así acerca de su resurrección victoriosa: "Destruid este templo, y en tres días lo levantaré" (Juan 2:19-22). Su declaración acerca del agua viva en Juan 7:37-39 se refería al derramamiento pentecostal del Espíritu. Algunos piensan que su enseñanza acerca del comer su carne y beber su sangre (Juan 6:53ss) tiene que ver con la Cena del Señor. De esta manera el bautismo cristiano no puede ser excluido de Juan 3:5 simplemente porque todavía no había sido instituido. De hecho, aun la segunda parte de la declaración, "nacido del Espíritu", en sí misma es una referencia a la futura era cristiana, puesto que la regeneración a través del Espíritu Santo morador era una bendición ofrecida sólo después del día de Pentecostés (Juan 7:35-39; Hechos 2:38-39).

Capítulo tres — Juan 3:3-5

Algunos se quejan de que aquellos que están más inclinados hacia un punto de vista sacramental tocante al bautismo son culpables de interpretar indiscriminadamente cada referencia bíblica al agua como una referencia al bautismo.[8] En los primeros siglos cristianos, una queja como ésta hubiera sido justificada debido a la hermenéutica excesivamente alegórica de los padres de la iglesia, pero este caso no existe hoy en día. De las casi 80 veces que aparece la palabra griega para agua (hudor) en el Nuevo Testamento, sólo tres pasajes son disputados donde existe algo en juego: Juan 3:5; Efesios 5:26; y Hebreos 10:22. De las otras referencias, unas 30 hablan del agua ordinaria en situaciones no bautismales. Otros 18 usos ocurren en el libro de Apocalipsis, donde las escenas del simbolismo apocalíptico incluyen una variedad de fuentes y raudales. Cinco veces Juan menciona "agua y sangre" en conexión con el ministerio y la muerte de Jesús. Hay 16 referencias no disputadas al bautismo en agua (tanto el bautismo de Juan como el bautismo cristiano),[9] y siete usos figurativos no disputados.[10] En vista del hecho de que agua indudablemente significa bautismo en el veinte por ciento de sus apariencias, entonces es razonable interpretarla de esta manera en los tres pasajes en disputa si se justifica por la exégesis y la teología. Esto es verídico en especial en vista al hecho de que agua es usada indudablemente en un sentido figurativo en menos que el diez por ciento de sus apariencias, y así sólo en dos ocasiones (Juan 4:10-15 [seis veces]; 7:38 [una vez]). Al ver la distribución comparativa del término, existe más justificación para ver el bautismo en agua en los tres pasajes disputados, incluyendo a Juan 3:5, que para excluirlo de ellos.

---

[8] Un trato ayudador acerca de esta queja fue escrito por Donald Nash, "Water and Baptism" [El agua y el bautismo], Christian Standard [Estandarte cristiano] (April 30, 1978), 113:396-398.

[9] Mateo 3:11, 16; Marcos 1:8, 10; Lucas 3:16; Juan 1:26, 31, 33; 3:23; Hechos 1:5; 8:36, 38, 39; 10:47; 11:16.

[10] Juan 4:10, 11, 14, 15; 7:38.

Capítulo tres — Juan 3:3-5

II. Entrando en el reino

Sin duda este pasaje está tratando con la salvación y con una condición esencial de ella en la era cristiana. A la salvación se le llama "ver (o entrar en) el reino de Dios"; la condición es "nacer de nuevo".

El significado básico de las palabras bíblicas para reino es una monarquía, reinado o dominio; el "reino de Dios" es el reinado de Dios. Un significado secundario es el territorio sobre el cual el rey reina. Un tema principal de la profecía del Antiguo Testamento es la venida del reino. Una declaración típica es Daniel 2:44: "Y en los días de estos reyes el Dios del cielo levantará un reino que no será jamás destruido, ni será el reino dejado a otro pueblo; desmenuzará y consumirá a todos estos reinos, pero él permanecerá para siempre". Éste fue el elemento principal en la esperanza escatológica de los judíos; ellos estaban "esperando el reino de Dios" (Marcos 15:43). El mensaje de Juan el Bautista fue tan electrizante porque estaba declarando la inminencia de este reino: "Arrepentíos, porque el reino de los cielos se ha acercado" (Mateo 3:2). Éste fue el mensaje de Jesús (Mateo 4:17).

En un sentido la venida de Jesús mismo fue la venida del reino, puesto que Dios el Rey estaba presente como Jesucristo precisamente con el propósito de establecer su señorío sobre toda la creación. Los eventos que lograron decididamente este propósito fueron su muerte, resurrección y ascensión a la gloria. Esto fue el establecimiento de su reino en el sentido de su reinado. El reino, en el sentido del territorio sobre el cual él reina, se compone de todos aquellos quienes voluntariamente reconocen y se someten al señorío de Cristo, o sea, aquellos quienes hacen la "buena confesión" que Jesús es el Señor. En su forma concreta e identificable el reinado-territorio es la iglesia. Estos dos aparentemente son hechos iguales en Mateo 16:18-19.

Entonces, desde la perspectiva de Nicodemo, el reino todavía era una realidad futura; pero, como todo buen judío, él estaría esperándolo ansiosamente y deseoso de entrar en él y participar en él. Jesús le está diciendo (y a todos nosotros) lo que sería necesario

Capítulo tres — Juan 3:3-5

para la entrada en el reino una vez establecido. (No hay una diferencia significante entre ver el reino [v. 3] y entrar en él [v. 5].)

"Entrar en el reino" es una idea soteriológica. Para un judío como Nicodemo, sería la última experiencia de salvación. Para los no judíos hoy o para cualquiera que no está cimentada en la esperanza escatológica del Antiguo Testamento, la expresión no trae de inmediato todas las connotaciones de la salvación; pero ésta es su intención. Entrar en el reino es someterse al señorío de Cristo y por lo tanto entrar en el (al) estado de gracia y de la salvación.

> Entrar en el reino es someterse al señorío de Cristo.

III. Nacido de nuevo

La afirmación básica de Jesús en Juan 3:3-5 es que el nacer de nuevo es una condición esencial para entrar al reino. En el versículo tres usa la palabra anothen, que puede significar/denotar "de arriba" u "otra vez". La idea dominante aquí parece ser este último. Por lo menos parece que Nicodemo así lo entendió. En su respuesta (v. 4) pregunta si es posible para un anciano entrar "una segunda vez" en el vientre de su madre y nacer. Aunque la palabra misma indica la idea de un renacimiento, la respuesta de Jesús (v. 5) indica que el segundo nacimiento es en verdad un nacimiento "de arriba" en cuanto que se logra por el Espíritu. El concepto de ser "nacido de Dios" es común en los escritos de Juan.[11] Es un acto sobrenatural que sólo Dios, en la persona del Espíritu Santo, puede llevar a cabo.

El concepto de "nacer de nuevo" es idéntico al concepto de la regeneración personal como ocurre en Tito 3:5. Las expresiones en el griego son prácticamente equivalentes en su significado. Este nuevo nacimiento o regeneración es el cambio que ocurre en la naturaleza interna del pecador durante su conversión. Es uno de los dos aspectos principales de la "doble cura" que Dios ofrece al enfermo de pecado. El primer aspecto es la justificación o el perdón, que cambia nuestra relación objetiva con Dios y su ley al quitar la culpa y el castigo

---

[11] Juan 1:13; 1 Juan 2:29; 3:9; 4:7; 5:1, 4, 18.

Capítulo tres — Juan 3:3-5

por nuestros pecados. El segundo aspecto se dirige al hecho de que el pecado ha corrompido nuestros corazones y almas con una depravación interna; ha infectado nuestros espíritus con debilidad y enfermedad y aun muerte espiritual (Efesios 2:1, 5). La regeneración es el punto cuando este estado negativo de nuestras almas se vuelve al revés. Es una nueva creación (1 Corintios 5:17) cuando somos renovados internamente (Tito 3:5). Es una resurrección de la muerte a una vida nueva (Efesios 2:5-6), una vida nueva en el reino del amado Hijo de Dios (Colosenses 1:13).

Este acto transcendental del nuevo nacimiento o la regeneración no puede ser logrado por nuestros propios esfuerzos; es un acto de Dios mismo sobre el alma. La palabra profética de Dios por medio de Ezequiel hace muy claro que Dios solo es el autor de esta obra: "Os daré corazón nuevo, y pondré espíritu nuevo dentro de vosotros; y quitaré de nuestra carne el corazón de piedra, y os daré un corazón de carne" (Ezequiel 36:26). Específicamente es la obra del Espíritu Santo, como indican las siguientes palabras de la profecía de Ezequiel: "Y pondré dentro de vosotros mi Espíritu, y haré que andéis en mis estatutos" (Ezequiel 36:27). En las palabras de Juan 3:5, somos "nacidos del Espíritu". Pablo lo llama la "regeneración y renovación en el Espíritu Santo" (Tito 3:5).

> "Os daré corazón nuevo, y pondré espíritu nuevo dentro de vosotros; y quitaré de nuestra carne el corazón de piedra, y os daré un corazón de carne".

Como se ha indicado, esta regeneración personal en el Espíritu es una bendición que comenzó en el día de Pentecostés y está limitado a aquellos de la era cristiana. Los santos del Antiguo Testamento no gustaron la realidad de la morada del Espíritu y su poder regenerador. Por eso, en Juan 3.3-5 la referencia era totalmente futura en cuanto concernía a Nicodemo. El reino al que él anhelaba entrar todavía no se había establecido, y la condición para entrar en el reino no estaba disponible aún. Ni estaba el bautismo cristiano, que, según estas palabras de Jesús, sería íntimamente asociado con el nacer de nuevo en el reino.

Capítulo tres — Juan 3:3-5

IV. El bautismo y la salvación

Dada la probabilidad de que "agua" en Juan 3:5 se refiere al bautismo cristiano, y dado el hecho de que "nacido de nuevo" y "reino de Dios" se refieren a la salvación, no podemos evitar la conclusión de que el bautismo es inseparable del nuevo nacimiento y, por lo tanto, es una condición para la salvación. Esto está completamente de acuerdo con la enseñanza de Marcos 16:16.

La declaración de Juan 3:5 es clara sin lugar a dudas. A menos de que una persona sea "nacida de agua y del Espíritu", no puede entrar al reino, es decir, no puede ser salva. Este nuevo nacimiento que debe preceder la entrada al reino es ex [ek] hudatos kai pneumatos, "de agua y del Espíritu". La preposición ek básicamente significa "de", o en el sentido de separación ("fuera de") o del fuente ("desde dentro de"). Sólo este último encaja en el contexto aquí. En algún sentido, agua y Espíritu son la fuente del nuevo nacimiento. Varias matices del significado, mostradas en Arndt y Gingrich, incluyen éstas: "la dirección de la cual algo viene", "el origen", "la causa efectiva", "la razón que es una presuposición para algo" y "la fuente de la cual algo fluye".[12]

Estos significados son muy fuertes, la mayoría de los cuales reflejan algún tipo de relación causa-efecto. Nadie está en desacuerdo con el significado de ek cuando se aplica a pneumatos ("del Espíritu"). Que el Espíritu Santo es el origen o fuente o causa del nuevo nacimiento es aceptado como muy natural. Entonces es un golpe fuerte para algunos reconocer que la misma preposición y la misma forma gramatical usadas por "Espíritu" son usadas también por "agua". Es una sola frase preposicional, con una sola preposición que tiene dos objetos unidos por la conjunción simple kai ("y"). Esta construcción (especialmente la no repetición de la preposición para el segundo objeto) trae los dos objetos a la relación más cercana posible,

---

[12] William F. Arndt y F. Wilbur Gingrich, A Greek-English Lexicon of the New Testament and Other Early Cristian Literature [Un léxico griego-inglés del Nuevo Testamento y otra literatura cristiana temprana], 4 ed. (Chicago: University of Chicago Press, 1952), pp. 233-234.

Capítulo tres — Juan 3:3-5

señalándolos como dos aspectos de un solo evento. M. J. Harris comenta lo siguiente tocante a esta construcción y este versículo:

> ... A veces, entonces, el no usar una segunda o tercera [preposición] en el griego neotestamentario puede ser teológicamente significante, indicando que el escritor consideraba que los términos que puso en un régimen pertenecían naturalmente juntos o como una unidad en concepto o realidad. ex hydatos kai pneumatos (Juan 3:5) muestra que para el escritor (u orador) "agua" y "Espíritu" juntos forman un solo medio para aquella regeneración que es un requisito previo a la entrada en el reino de Dios. ... Ningún contraste se pretende entre un elemento externo de "agua" y una renovación interna lograda por el Espíritu. Conceptualmente los dos son uno. ...[13]

La expresión entera, dice Beasley-Murray, define la manera por la cual una persona es "nacida de nuevo" (v. 3).[14]

¿Significa esto que el agua y el Espíritu tienen una relación causal igual o idéntica al nuevo nacimiento? Pocos estarían dispuestos a afirmar esto; las limitaciones metafísicas sencillamente lo impiden. La única fuente, causa u origen verdadero del nuevo nacimiento en cualquier sentido literal es el Espíritu Santo. Esto no es cierto sólo porque el Espíritu solo puede hacer un impacto sobre el espíritu, sino también porque este nacimiento es algo que sólo Dios puede lograr. Ningún acto físico llevado a cabo por una criatura podría hacer lo que sólo el divino Espíritu puede hacer.

> La única fuente, causa u origen verdadero del nuevo nacimiento en cualquier sentido literal es el Espíritu Santo.

Sin embargo, el lenguaje de Juan 3:5 hace que la acción del Espíritu sea por lo menos simultáneo con el acto del bautismo. Por lo tanto, lo menos que debería decirse es que el bautismo es la ocasión

---

[13] Murray J. Harris, "Appendix" [Apéndice], p. 1178.

[14] Beasley-Murray, Baptism in the New Testament [El bautismo en el Nuevo Testamento], p. 228, fn 2. Esto, dice él, es una razón por qué la referencia al agua no puede significar el nacimiento físico.

Capítulo tres — Juan 3:3-5

para el nuevo nacimiento.[15] Si alguien no está satisfecho con esta terminología, debería ser sólo porque está demasiado débil, no demasiado fuerte. El lenguaje de Juan 3:5 en realidad merece una manera más fuerte de hablar sobre la relación entre el bautismo y la salvación.[16]

Este versículo, más que cualquier otro en las Escrituras, muestra que es correcto hablar de la necesidad del bautismo para la salvación. Como vimos en capítulo 2 acerca de Marcos 16:16, ésta es sólo una necesidad relativa, no absoluta. Así como el texto en Marcos sugiere que la única necesidad absoluta de parte del hombre es la fe, también el texto en Juan sugiere que sólo la obra del Espíritu es absolutamente necesaria para lograr el nuevo nacimiento (comparada con el agua). Ésta es la conclusión que algunos forman de Juan 3:6, 8, donde se usa "nacido del Espíritu", pero no "nacido del agua". La acción del Espíritu es la única cosa absolutamente indispensable para el nuevo nacimiento. El bautismo no es inherentemente necesario y puede ser omitido en donde está físicamente imposible administrarlo. Sin embargo, la posibilidad de tal excepción en circunstancias prohibitivas no niega la regla puesta en Juan 3:5 para circunstancias ordinarias. En verdad nuestra doctrina sobre el bautismo debe estar basada en declaraciones claras tocante a su naturaleza y efectos, y no en excepciones inferidas.

V. Resumen

Hemos visto acerca de Juan 3:3-5 hemos visto que el término agua en el versículo 5 más probablemente es una referencia al bautismo cristiano, aunque este no fue instituido hasta más tarde en el Pentecostés. También hemos visto que esto que comenzó en Pentecostés se aplica también al nuevo nacimiento y el establecimiento del reino, que son conceptos relacionados a la salvación en la era

---

[15] Beasley-Murray (Ibid., p. 231) está de acuerdo: "En Juan 3:5 es la ocasión cuando el Espíritu da a la fe la regeneración que la califica para el reino de Dios".

[16] Sin duda ésta es la razón por la cual muchos no admiten que "agua" significa el bautimo en este versículo. Han concluido con bases teológicas (en lugar de bases exégetas) que el bautismo no puede tener esta relación con la salvación.

Capítulo tres — Juan 3:3-5

cristiana. "Entrar en el reino" significa recibir la salvación, y "nacer de nuevo" es una condición esencial para ello. Finalmente, hemos visto que el bautismo mismo es una necesidad (relativa) para la salvación, puesto que nadie puede entrar en el reino sin ello.

Hechos 2:38-39 (I)

*P*robablemente el pasaje más claro —y probablemente por esta misma razón el más controvertido— tocante al significado del bautismo es Hechos 2:38-39: "Pedro les dijo: Arrepentíos, y bautícese cada uno de vosotros en el nombre de Jesucristo para perdón de los pecados; y recibiréis el don del Espíritu Santo. Porque para vosotros es la promesa, y para nuestros hijos, y para todos los que están lejos; para cuantos el Señor nuestro Dios llamare". Este pasaje es importante porque describe la función del bautismo cristiano en el punto de su misma inauguración en el día de Pentecostés. Es parte de la instrucción apostólica a los pecadores quienes están preguntando cómo pueden ser librados de su pecado y culpa. Afirma muy claramente que el bautismo es el punto focal de las promesas de Dios del perdón y el don del Espíritu.

I. El derramamiento mesiánico del Espíritu

En el calendario judaico los eventos de Hechos 2 ocurrieron en el día de Pentecostés. Para la comunidad cristiana el día tiene mucho significado porque fue el nacimiento de la Iglesia. En un nivel aun más profundo fue el punto de transición formal e histórica de la era del Antiguo Pacto a la era del Nuevo Pacto, cuya fundación es la muerte y resurrección de Cristo.

Capítulo cuatro — Hechos 2:38-39 (I)

El evento central que marca la inauguración de la nueva era fue el derramamiento del Espíritu Santo. Por supuesto, el Espíritu Santo estaba presente y obrando entre los santos de Dios en los tiempos del Antiguo Testamento, pero tanto los profetas como los evangelios prometieron una presencia nueva y especial del Espíritu como parte de la esperanza mesiánica. Isaías 44:3 dice: "Porque yo derramaré aguas sobre el sequedal, y ríos sobre la tierra árida; mi Espíritu derramaré sobre tu generación, y mi bendición sobre tus renuevos". Joel 2:28 dice: "Y después de esto derramaré mi Espíritu sobre toda carne". Ezequiel 36:27 lo declara así: "Y pondré dentro de vosotros mi Espíritu, y haré que andéis en mis estatutos". Juan el bautista prometió que el Mesías bautizaría con el Espíritu Santo (Mateo 3:11; Marcos 1:7-8; Lucas 3:16; Juan 1:33). Jesús prometió que el Espíritu sería dado a los creyentes como una presencia que moraría en ellos (Lucas 11:13; Juan 7:37-39). En su ascensión renovó esta promesa, como está escrito en Hechos 1:4-8. Dijo a sus apóstoles que "esperasen la promesa del Padre".

> El evento central que marca la inauguración de la nueva era fue el derramamiento del Espíritu Santo.

Las actividades escritas en Hechos 2:1-4 son el cumplimiento inicial de estas promesas. Las manifestaciones externas y milagrosas no eran el punto principal del Pentecostés, sino sólo las señales o la evidencia de que la presencia invisible, interna, del Espíritu estaba disponible por primera vez.[17] Los milagros, en especial el hablar en "otras lenguas" (Hechos 2:4), tuvieron éxito en su propósito de ganar la atención de la multitud y disponerla hacia el mensaje que Pedro iba a traer. La gente preguntó atónita: "¿Qué quiere decir esto?" (Hechos 2:12). Pedro procedió a explicar el significado. Dijo que esto era el derramamiento del Espíritu prometido por Joel. Es una de las bendiciones primarias de la obra cumplida por Jesús el Mesías. Pedro les dijo a los judíos allí congregados que ellos lo habían crucificado, pero que Dios lo había levantado de los muertos y lo <u>había sentado</u> a su propia diestra. "Así que, exaltado por la diestra de

---

[17] Ve Jack Cottrell, "Are Miraculous Gifts the Blessing of Pentecost" [¿Son los dones milagrosos la bendición del Pentecostés?], Christian Standard (mayo 9, 1982), 117:9-11.

Capítulo cuatro — Hechos 2:38-39 (I)

Dios, y habiendo recibido del Padre la promesa del Espíritu Santo, ha derramado esto que vosotros veis y oís" (Hechos 2:33). Por eso Jesús, a quien ellos habían crucificado, había sido exaltado como su Señor y Cristo (Hechos 2:15-36).

La audiencia que oyó el sermón de Pedro fue un grupo grande de judíos devotos que adoraban a Dios según la revelación del Antiguo Pacto. Sin duda muchos de ellos habían encontrado a Jesús y lo habían rechazado, pensando que estaban defendiendo el honor de Jehová. Lo que oyeron de Pedro, confirmado por las manifestaciones milagrosas del Espíritu, los sacudió hasta los cimientos mismos de su fe. ¡Jesús, a quien ellos habían enviado a su muerte, era su Mesías enviado por Dios y exaltado por Dios! ¡De su trono celestial, como la expresión inaugural de su señorío, él había enviado al largamente esperado Espíritu Santo! Cuando reconocieron ésto, se sintieron pecadores expuestos a la ira de Dios. "Al oír esto, se compungieron de corazón, y dijeron a Pedro y a los otros apóstoles: Varones hermanos, ¿qué haremos?" (Hechos 2:37).

"¿Qué haremos" acerca de qué? Respecto a su carga de pecado y culpa. ¿Qué podrían hacer para ser libres de esta carga? Éste es un ejemplo fundamental del punto hecho anteriormente al hablar de Mateo 28, que aun los judíos más fieles, confrontados con la nueva revelación del evangelio de Cristo, se convirtieron en pecadores perdidos al menos que y hasta que aceptaran a Jesús como su Salvador y Mesías. La audiencia de Pedro ahora sintió este estado de perdición y clamó por ayuda. "¿Qué haremos" para ser salvos?

La declaración de Pedro tocante al bautismo en Hechos 2:38-39 debe ser entendida en este ambiente histórico. El bautismo se encuentra al fondo de su respuesta a la pregunta sobre qué debería hacerse para ser libres del pecado y la culpa.

II. El ofrecimiento del evangelio

La respuesta de Pedro a la pregunta de los pecadores puede ser analizada en dos partes: en primer lugar, la naturaleza de la salvación ofrecida; y, en segundo lugar, las condiciones para recibirla.

Capítulo cuatro — Hechos 2:38-39 (I)

El ofrecimiento del evangelio que se hace aquí en Hechos 2:38 es una representación clásica de la "doble cura" a la cual se refiere en el himno "Roca de la eternidad" en inglés: "Sé del pecado la doble cura; sálvame de su culpa y poder". Una versión alternativa dice: "Sálvame de la ira y hazme puro". Esta doble cura es la respuesta de Dios al "dilema doble" que los pecadores traen sobre sí por su pecado.[18]

El primer problema, y el más urgente, causado por el pecado es la culpa. El pecador ha infringido la ley de Dios y, por lo tanto, ha incurrido en su castigo. Está bajo la condenación constante de la ira de Dios. Éste es un problema objetivo, un problema de relaciones erróneas con Dios y con su ley. La solución de Dios a la culpabilidad del hombre es la muerte de Cristo, en la cual él tomó nuestro pecado con su culpa sobre sí mismo, pagando el castigo por medio de su propio sufrimiento. Como resultado, Dios puede ofrecer al pecador pleno perdón por su pecado, plena remisión, completa justificación, completa liberación del temor de la condenación y del infierno.

Éste es el "perdón de los pecados" que Pedro ofrece en Hechos 2:38, y es, sin duda, lo que su audiencia judía quería saber. El perdón en sí no es una bendición nueva de la era mesiánica, sino que fue gozado también por todos los creyentes antes de la era cristiana. La novedad es que ahora se ofrece solamente "en el nombre de Jesucristo", puesto que su muerte y resurrección son los eventos que lo hacen posible desde un principio. De todos modos, el ofrecimiento de Pedro incluía, primero que nada, lo que su audiencia más deseaba y necesitaba.

La segunda parte del dilema doble no está tan fácilmente percibida y entendida como la primera. Ese el efecto que el pecado tiene sobre el alma misma. Puede ser descrito como iniquidad, depravación, debilidad espiritual, enfermedad espiritual y aun muerte espiritual. Los efectos perniciosos del pecado penetran al alma, así como los estragos de una enfermedad penetran en el cuerpo; debilitan al alma en la presencia de la tentación y la inclinan a pecar más y más. En

---

[18] Ve Jack Cottrell, Thirteen Lessons on Grace: Being Good Enough Isn't Good Enough [Trece lecciones sobre la gracia: Ser tan bueno no es tan bueno] (Joplin, MO: College Press, 1988 reimpresión de la edición 1976 publicada por Standard Publishing), caps. 5-7.

Capítulo cuatro — Hechos 2:38-39 (I)

otras palabras, el pecado no sólo afecta nuestra relación con Dios y su ley, también nos afecta personalmente. Nuestra naturaleza misma está corrompida.

El ofrecimiento del evangelio a los pecadores en la era cristiana incluye una cura divina para esta enfermedad del alma. Es el nuevo nacimiento, o regeneración, visto anteriormente en conexión con Juan 3:3-5. Como notamos allí, esto no fue puesto al alcance de los pecadores en la era del Antiguo Testamento. Aunque se les proveyeron algunos recursos para combatir el poder del pecado, aún no se les dio el don del renacimiento. Ésta es una de las bendiciones nuevas y principales de la era mesiánica y uno de los aspectos principales del ofrecimiento del evangelio. Por eso, los judíos que preguntaron "Hermanos, ¿qué haremos?" probablemente no se daban cuenta de este lado del problema de pecado y, por lo tanto, no estaban pidiendo una solución para ello. Entonces cuando el ofrecimiento de Pedro incluyó estas palabras, "y recibiréis el don del Espíritu Santo", ¡esto fue un beneficio no esperado! Porque "el don del Espíritu Santo" es la persona y la presencia del Espíritu mismo, quien entrará en el corazón del pecador receptivo para regenerarlo y permanecerá allí para darle fuerzas para vencer el pecado día tras día. El ofrecimiento del Espíritu Santo es el ofrecimiento de la regeneración.

> El ofrecimiento del evangelio a los pecadores en la era cristiana incluye una cura divina para esta enfermedad del alma.

Ésta fue la explicación máxima de Pedro sobre las lenguas y otros fenómenos escritos en Hechos 2:1-4 y acerca de los cuales la audiencia preguntó al principio: "¿Qué quiere decir esto?" (Hechos 2:12). Pedro dice que lo que quiere decir es que Dios, a través de Cristo, ahora ha derramado al Espíritu prometido. Y lo que quiere decir para ustedes es que, si se arrepienten y se bautizan en el nombre de Cristo para perdón de sus pecados, ustedes recibirán este mismo Espíritu Santo como un don. Porque el Espíritu prometido es para vosotros (Hechos 2:39; el orden de las palabras hace que la palabra "vosotros" esté enfatizada).

Capítulo cuatro — Hechos 2:38-39 (I)

III. Las condiciones

Como en el caso de Marcos 16:16, el ofrecimiento del evangelio en Hechos 2:38 es condicional. Una gran parte del protestantismo conservador enseña que la salvación misericordiosa de Dios es completamente incondicional, pero este punto de vista está basado en una vista errónea de la soberanía divina y algunas exégesis cuestionables.[19] La Escritura claramente conecta la recepción de salvación del pecador con su cumplimiento de ciertas condiciones básicas. En Marcos 16:16 la fe y el bautismo están especificados; a quíen Hechos 2:38 el arrepentimiento y el bautismo están específicamente mencionados.

Cuando sus hermanos judíos preguntaron "¿Qué haremos?", la primera instrucción de Pedro era que se arrepintiesen. El arrepentimiento como una condición para la salvación no es un punto polémico, aun entre aquellos quienes enfatizan "solamente fe". Se reconoce generalmente que la fe que Dios requiere para salvación no puede existir en verdad sin el arrepentimiento. Éste último es básicamente una actitud hacia el pecado. Es un aborrecimiento del pecado en general y especialmente un aborrecimiento del pecado en la vida de uno mismo. Es una determinación y un compromiso de deshacerse de todo pecado lo más pronto posible. Puesto que el mismo Dios santo aborrece el pecado, uno no puede creer verdaderamente en él sin compartir este odio. Puesto que el propósito mismo y la obra misma de Cristo eran de oponerse a y vencer el pecado en todas sus fuerzas y formas, y, puesto que su sangre misma fue derramada para lograrlo, uno no puede creer verdaderamente en Cristo sin odiar el pecado que causó su sufrimiento. Por lo tanto, aun en pasajes donde no está especificado (como en Hechos 16:31), se entiende que el arrepentimiento es el gemelo siamés o compañero mudo de la fe.

En Hechos 2:38 el arrepentimiento es la primera condición mencionada porque lo imperativo en las mentes de aquellos oidores

---

[19] Ve Jack Cottrell, What the Bible Says About God the Ruler [Lo que dice la Biblia acerca de Dios el Soberano] (Joplin, MO: College Press, 1984), caps. 5, 9; y What the Bible Says About God the Redeemer [Lo que dice la Biblia acerca de Dios el Redentor], pp. 389-399.

Capítulo cuatro — Hechos 2:38-39 (I)

del sermón de Pedro era la convicción de su pecado, especialmente su pecado de rechazar a Cristo y causar su muerte. Su pregunta quería decir específicamente: "¿Qué haremos respecto a estos terribles pecados?" Pedro dice que primero deben tener la actitud debida hacia ellos: tienen que arrepentirse.

La única otra condición dada por Pedro es el bautismo: "Bautícese cada uno de vosotros en el nombre de Jesucristo para perdón de los pecados". Puesto que Marcos pone el bautismo como una condición para salvación, y puesto que Juan lo da como una condición para entrar en el reino de Dios, entonces no debería asombrarnos que aquí es presentado como una condición para el perdón de pecados y para recibir el don del Espíritu Santo.

Por supuesto, muchos encuentran difícil el aceptar lo que dice Pedro acerca del bautismo y buscan maneras de eludir sus implicaciones. Una de estas maneras es el negar que Hechos 2:38 se refiere al bautismo en agua. Un escritor dice: "Dudo muy seriamente si Pedro se refería al bautismo en agua" porque no habría habido suficiente agua en el área del templo para sumergir 3,000 personas (Hechos 2:41) y porque ni aquí ni en ningún otro lugar se conecta el bautismo en agua específicamente al perdón de pecados".[20]

> Muchos encuentran difícil el aceptar lo que dice Pedro acerca del bautismo y buscan maneras de eludir sus implicaciones.

Sin embargo, esta idea no está bien pensada. Pedro debe haber querido decir el bautismo en agua por las siguientes razones: primera, debe haber estado hablando del mismo bautismo prescrito en la Gran Comisión, que tenía que ser bautismo en agua porque era algo que los apóstoles mismos debían administrar. Segunda, el bautismo prescrito por Pedro era algo que los mismos pecadores debían hacer ("¿Qué haremos?"). Era su decisión e iniciativa. Un bautismo netamente espiritual tendría que ser la iniciativa de Dios. Tercera, el lenguaje de Pedro habría traído inmediatamente a la mente de su audiencia el bautismo de Juan (que era "un bautismo de arrepentimiento para

---
[20] Richard A. Seymour, All About Repentance [Todo acerca del Arrepentimiento] (Hollywood, FL: Harvest House, 1974), p. 123. Por supuesto que este último punto es una petición de principio.

Capítulo cuatro — Hechos 2:38-39 (I)

el perdón de pecados", Marcos 1:4), que era conocido entre todos como bautismo en agua. Finalmente, debería ser notado que había suficiente agua en el área de Jerusalén (no tenía que ser en el área del templo) para sumergir a 3,000 personas.[21]

Por lo tanto, no existe ninguna buena razón para entender esto como una referencia a otra cosa más que el bautismo en agua. Se le pone al lado del arrepentimiento como una condición para recibir las bendiciones de la salvación. Esto no debería ser sorprendente en vista de la prominencia del bautismo en la Gran Comisión, reportada por Mateo y Marcos. De hecho, hubiera sido sorprendente si Pedro no hubiera mencionado el bautismo cuando le preguntaron: "¿Qué haremos?"

Esto lleva a una última consideración relativa a la condición especificada en Hechos 2:38, a saber, ¿por qué no está incluida la fe aquí, especialmente porque la comisión en Marcos 16:16 incluye ambos, la fe y el bautismo? Podríamos inferir de la pregunta en Hechos 2:37 y la respuesta en Hechos 2:38 que no fue necesario especificar la fe puesto que los que oyeron el mensaje y "se compungieron de corazón" por ello (v. 37) ya creían. Por eso pidieron más instrucciones sobre qué hacer. Si Pedro hubiera percibido que aún no creyeren, de seguro hubiera requerido esto en primer lugar.

Se puede comparar esto con la situación en Hechos 16:30-31, cuando el carcelero de Filipos preguntó básicamente lo mismo: "¿Qué debo hacer para ser salvo?" Este hombre, pagano, aún no había tenido el beneficio de oír un mensaje sobre un Dios verdadero o nuestro Señor Jesucristo. Por lo tanto, la respuesta de Pablo se enfocó en el requisito fundamental: "Cree en el Señor Jesucristo, y serás salvo, tú y tu casa". Esta instrucción no fue intencionada como comprensiva y todo inclusiva; fue una declaración de apertura seguida de inmediato por más enseñanza: "Y le hablaron la palabra del Señor

---

[21] Había varios estanques al alcance, como el estanque de Siloé (justo al sur del área del templo), que mide aproximadamente 4 x 15 metros. Una represa grande en el lado suroeste de la ciudad tenía una superficie de unos 3 acres. Ve J. W. McGarvey, Lands of the Bible [Tierras de la Biblia] (Filadelfia: Lippincott, 1881), pp. 189-202, para una descripción completa de los estanques de Jerusalén.

Capítulo cuatro — Hechos 2:38-39 (I)

a él" (Hechos 16:32). Aunque no se mencionan específicamente ni el arrepentimiento ni el bautismo, podemos inferir imparcialmente que fueron incluidos en esta "palabra del Señor". De seguro, éste es el caso con el bautismo, puesto que el carcelero fue bautizado inmediatamente después de oír la enseñanza (Hechos 16:33). De una manera semejante podemos considerar que la instrucción de Pedro en Hechos 2:38 había sido determinada por el nivel de respuesta ya alcanzado por sus oyentes. Puesto que una medida de fe ya fue evidenciada por su pregunta, no había necesidad de mencionarla específicamente.

En esta conexión, puede notarse un punto más. Aunque la fe no está mencionada específicamente aquí como una condición para la salvación, el contenido de la respuesta de Pedro fue una llamada implícita a la fe, y no sólo la fe de los santos del Antiguo Testamento. Fue una llamada a estos judíos devotos a elevarse a un nuevo nivel de fe, a enfocar su fe en un Dios quien es tanto tres como uno. Como notamos en el trato de Mateo 28:19-20, desde aquí en adelante, la fe salvadora debe incluir fe en Jesús como el divino Redentor y fe en el Espíritu Santo como el don divino. Una respuesta concienzuda a la instrucción de Pedro tendría que incluir estos elementos, puesto que él instruyó a este grupo a ser bautizados en el nombre de Jesucristo para recibir el don del Espíritu Santo.

> El contenido de la respuesta de Pedro fue una llamada *implícita* a la fe.

Su fe en el Antiguo Pacto ya no era suficiente; si habían sido bautizados en el bautismo de Juan ya no era relevante. Ahora se les requiere que acepten la palabra de Dios acerca de Jesucristo y del Espíritu como parte de su aceptación del bautismo mismo.

Para resumir, entonces, las condiciones para recibir la "doble cura", según Hechos 2:38, son el arrepentimiento y el bautismo, más una fe implícita.

Hechos 2:38-39 (II)

En el capítulo cuatro notamos que en Hechos 2:38-29 Pedro especifica dos condiciones para recibir las bendiciones del evangelio del perdón de pecados y del Espíritu Santo, a saber, el arrepentimiento y el bautismo. En este capítulo veremos en más detalle cómo el bautismo está relacionado con estas bendiciones.

I. El bautismo y el perdón

El bautismo para el perdón de pecados en la era cristiana no es sin antecedentes en la era previa. Fue tipificado por las ceremonias del Antiguo Testamento de rituales purificadores, también llamadas purificaciones o lavamientos.

En el contexto de la ley mosaica, algunos actos y condiciones producían un estado de impureza ritual o ceremonial, por ejemplo: el tener ciertos flujos corporales (Levítico 15) y el tocar un cadáver (Números 19:11-22). El estado de impureza producido así no era moral en naturaleza, sino ritual o ceremonial. No se le atribuía falla o culpa moral alguna; algunas de las situaciones que lo causaban eran naturales e inevitables. El efecto principal era que la persona hecha impura era considerada incapacitada para participar en los servicios religiosos ante Dios. Para remover la impureza, eran prescritos ciertos ritos de purificación, la mayoría de ellos involucrando el agua (por ejemplo: Levítico 11:32; 14:8; Deuteronomio 23:10-11).

Capítulo cinco — Hechos 2:38-39 (II)

En ciertas ocasiones y para líderes de adoración en especial, la purificación en agua era requerida antes de que uno podía acercarse a Dios, aun cuando no había ninguna ofensa específica a la vista. Ve Éxodo 19:10, 14; 29:4; Levítico 16:4. La fuente (RVR60) de bronce usado por los lavamientos sacerdotales era particularmente significante. Se les requería a los sacerdotes que ministraban lavarse en ella antes de servir en el tabernáculo; "se lavarán con agua, para que no mueran" (Éxodo 30:20).

¿En qué sentido tenía el agua, o el acto mismo, un efecto tan dramático o traía purificación? El hecho es que ni el agua ni el acto de lavarse causaba cambio alguno. Era un asunto de decisión y declaración divinas. Dios simplemente declaró que, antes del acto de lavarse, la persona se consideraba inaceptable en su vista; después, la persona se consideraba aceptable.

Si el estado de impureza y los ritos de lavamiento mismos sólo tenían un significado ceremonial, entonces, ¿cuál era el propósito del sistema entero? Básicamente, tenía un propósito simbólico o típico. El sistema entero de impureza ceremonial y purificación era una lección objetiva para enseñar acerca de la contaminación moral y la verdadera culpa legal ante Dios, y la necesidad de limpiar el corazón de éstas. Así es como los profetas hacían uso de las ceremonias en sus enseñanzas. Usaban las limpiezas rituales como las analogías de la limpieza moral en la que Dios está sumamente interesado. La enseñanza típica que involucra esta transición conceptual de ritual a moral incluye Salmo 51:2, 7: "Lávame más y más de mi maldad, Y límpiame de mi pecado. . . . Lávame, y seré más blanco que la nieve"; Isaías 1:16: "Lavaos y limpiaos; quitad la iniquidad de vuestras obras de delante de mis ojos"; Jeremías 4:14: "Lava tu corazón de maldad, oh Jerusalén, para que seas salva"; y Ezequiel 36:25: "Esparciré sobre vosotros agua limpia, y seréis limpiados de todas vuestras inmundicias; y de todos vuestros ídolos os limpiaré".

Las ceremonias de agua del Antiguo Testamento, junto con las imágenes proféticas de la limpieza divina espiritual, son los antecedentes del bautismo cristiano. Este último une el lavamiento

Capítulo cinco — Hechos 2:38-39 (II)

exterior y la limpieza moral interior en un solo acto, o sea, el bautismo para el perdón de pecados. El bautismo es para la profanación moral y espiritual lo que los lavamientos del Antiguo Testamento eran para la profanación ritual.

El bautismo de Juan el Bautista también tenía una conexión con el perdón, aunque nunca se declara en los mismos términos que el bautismo cristiano. Era un bautismo "para arrepentimiento" (Mateo 3:11), "el bautismo de arrepentimiento para perdón de pecados" (Marcos 1:4; Lucas 3:3). Aquellos que fueron bautizados confesaban sus pecados en el proceso (Mateo 3:6; Marcos 1:5). Entonces, el arrepentimiento, la confesión de pecados y el perdón de pecados estaban todos relacionados al bautismo de Juan. No está claro si el bautismo era predicado como una condición para este perdón o si sólo era un auxiliar para apurar e intensificar el arrepentimiento.

> El bautismo es para la profanación moral y espiritual lo que los lavamientos del Antiguo Testamento eran para la profanación ritual.

Sin embargo, la relación entre el bautismo cristiano y el perdón de pecados es mucho más específica y clara, especialmente aquí en Hechos 2:38, donde dice que el bautismo es "para [eis] perdón de pecados". La palabra clave aquí es eis, traducida en diferentes versiones de distintas maneras, incluyendo "para", "hacia", "en", "para que", "para tener", "por esto", "con vista a" y "con relación a". La terminología preferida es un asunto de considerable polémica porque los exegetas a menudo tratan de hacer que la palabra se conforme a un punto de vista preconcebido sobre el bautismo.

Podemos identificar tres enfoques principales. El primero es que aquí eis retiene su significado más común de dirección o movimiento hacia algo, que incluye los conceptos de propósito y meta. Basado en este entendimiento, el propósito o la meta del bautismo es para traer el perdón de pecados. Este punto de vista es consistente con la idea del bautismo como una condición para la salvación y para la entrada en el reino de Dios. Un segundo enfoque es que aquí eis significa a causa de, siendo la idea que una persona es bautizada porque sus pecados ya han sido perdonados. El tercer punto de vista es que aquí eis significa

Capítulo cinco — Hechos 2:38-39 (II)

lo mismo que la preposición en ("en"), que no significa movimiento hacia, sino simplemente lugar en. Este punto de vista propone sólo una conexión muy general entre el bautismo y el perdón, o sea, "sé bautizado en relación al perdón de pecados". Estos dos últimos puntos de vista son preferidos por aquellos que rechazan la relación condicional entre el bautismo y la salvación.

De estos tres puntos de vista, el primero es claramente el significado en Hechos 2:38 sobre bases tanto lexicógrafas como contextuales. Tocante a su verdadero significado, un estudio de los léxicos muestra que el significado principal y, de sobremanera, el uso más común de eis es "movimiento hacia" en cualquiera de varios sentidos, la explicación de los cuales toma dos páginas enteras en el léxico de Arndt y Gingrich.[22] En esta categoría general los dos significados más comunes son "moverse de un lugar físico hasta otro" (88 líneas en el léxico) y "meta o propósito" (127 líneas — una página entera). En contraste, sólo cinco líneas hablan del supuesto uso causal de eis. Arndt y Gingrich declaran este uso "controvertido" porque existe razón para dudar que jamás ha tenido este significado en el uso del griego.[23] M.J. Harris declara rotundamente que este sentido causal "parece improbable en cualquiera de los pasajes a veces aducidos", incluyendo Hechos 2:38.[24] Un significado semejante a aquello de en no es disputado, pero es aún relativamente muy infrecuente. Arndt y Gingrich usan sólo 16 líneas para explicar que eis a veces significa "con respecto a" o "con referencia a". La mayoría de los casos en los cuales eis es usado, y en donde se esperaría que en fuere usado (30 de 34 líneas), se refiere a un lugar físico.[25]

Por supuesto, se entiende que simplemente el contar líneas en un léxico no decide el significado de una palabra en un versículo en particular. El punto es mostrar que el significado principal de eis involucra movimiento hacia o propósito, y que esto es cómo se

---

[22] Arndt y Gingrich, pp. 227-229.
[23] Ibid., p. 229. Ve las referencias al debate en The Journal of Bíblical Literature [Publicación de literatura bíblica].
[24] Murray J. Harris, "Appendix" [Apéndice], p. 1187.
[25] Arndt y Gingrich, p. 229.

Capítulo cinco — Hechos 2:38-39 (II)

usa en la gran mayoría de los casos. El significado "por causa de" es altamente discutible sencillamente porque no tiene una base sólida en la lengua griega. El significado "con referencia a" es posible, pero no muy probable dado su uso relativamente infrecuente. Por lo tanto, si eis tiene uno de estos dos últimos significados en Hechos 2:38, aquel significado tendría que ser textualmente claro.

En el análisis final, el significado de eis en este pasaje será determinado por el contexto. El significado general "con referencia a" sería justificado sólo si el contexto mismo no sugiriere otro significado más específico, sólo si la conexión entre el bautismo y el perdón permaneciere vago en el contexto. Pero esto no es el caso. Debemos recordar que la declaración de Pedro es parte de su respuesta a la pregunta de los judíos de cómo deshacerse de sus pecados, especialmente el de crucificar a Cristo. Específicamente preguntaron: "¿Qué haremos?" Cualquier instrucción que Pedro les diera tenía que ser entendida por ellos a la luz de su pregunta, y así debe ser entendida por nosotros hoy en día. Cuando él les dijo que se arrepintieran y fueran bautizados "eis el perdón" de sus pecados, la única lectura honesta es que el bautismo es con el propósito o la meta de recibir el perdón. Este significado no sólo se justifica, sino que en realidad se exige, por el contexto.

> La única lectura honesta es que el bautismo es con *el propósito* o *la meta* de recibir el perdón.

El hecho de que el bautismo se hace paralelo con el arrepentimiento aquí confirma este significado. Seguramente nadie cuestiona que Pedro está diciendo a su audiencia que se arrepientan con el propósito de traer el perdón de pecados. Aun si esta conexión entre el arrepentimiento y el perdón no fuera ya entendida, está perfectamente clara en este contexto. El hecho de que el bautismo es parte de la misma respuesta a la misma pregunta hace que su significado sea igualmente claro y le da básicamente el mismo significado que al arrepentimiento. En cualquier manera que el arrepentimiento esté conectado con el perdón, así también está el bautismo. Si el arrepentimiento tiene el propósito de traer el perdón, así también lo tiene el bautismo.

Capítulo cinco — Hechos 2:38-39 (II)

Aun si el llamado significado "causal" de eis no estuviera en duda sobre bases lexicógrafas, ciertamente estaría excluido en Hechos 2:38 por el contexto mismo. "Bautícese porque sus pecados han sido perdonados" es el opuesto extremo de lo que se espera y se requiere en la situación. El punto entero es que los pecados de los judíos no son perdonados, y ellos están preguntando qué hacer para recibir este perdón.

La conclusión es que el único sentido de eis que es consistente con el contexto de Hechos 2:38 es su significado más común de "movimiento hacia", específicamente el significado de propósito de "hacia" o "con el propósito de". La construcción griega es exactamente la misma que la que usó Jesús en su declaración en Mateo 26:28, que él derramó su sangre "para [eis] remisión de pecados", o sea, con el propósito de traer el perdón. Por lo tanto, debemos concluir lo que Pedro está diciendo en Hechos 2:38 es ser bautizado es parte de lo que tiene que hacer un pecador para recibir perdón de sus pecados.

Hay que hacer notar algo más en la relación entre el bautismo y el perdón. A menudo escuchamos que una persona es bautizada "para el perdón de sus pecados pasados". A veces se saca el lenguaje de Romanos 3:25 de su contexto y se le aplica en Hechos 2:38, o sea, que una persona es bautizada "para la remisión de los pecados pasados". La idea es que el bautismo trae perdón de cada pecado cometido hasta ese punto, y que la persona está completamente perdonado hasta que peque de nuevo. Entonces regresa al estado de perdición por causa del pecado que acaba de cometer hasta que se lleve a cabo algún otro acto perdonador, como participar en la Cena del Señor o hacer confesión específica de aquel pecado (1 Juan 1:9). El pensar así sirve de base para el desarrollo del sacramento católico romano de la penitencia.

Sin embargo, esta manera de pensar es falsa y está basada en un concepto erróneo, no sólo sobre el bautismo, sino sobre el perdón en sí. El perdón de pecados es, en esencia, lo mismo que la justificación (compara Romanos 3:28; 4:6-8). Cuando uno recibe el perdón en el bautismo, se convierte en una persona justificada o

Capítulo cinco — Hechos 2:38-39 (II)

perdonada. Entra en el estado de ser justificada. Éste es un estado que se mantiene por la fe continua en la sangre de Jesús.[26] A través de una fe sincera y productora de obras, el cristiano permanece libre de culpa y condenación (Romanos 8:1) aunque no esté libre del pecado en sí. Esto es el meollo del concepto de la justificación por la fe.

Esto quiere decir que el bautismo no es para el perdón de pecados pasados solamente, sino para el perdón de pecados, punto. Mientras uno continúa en la relación con Cristo comenzada en el bautismo, es justificado o perdonado como resultado de lo que ocurrió en su bautismo. Por lo tanto, toda nuestra vida debemos recordar nuestro bautismo y ser alentados por esta memoria cuando empezamos a sentirnos desalentados en nuestro vivir cristiano o dudar de la validez de nuestra esperanza en Cristo Jesús.

> El bautismo no es para el perdón de pecados pasados solamente, sino para el perdón de pecados, *punto*.

II. El bautismo y el Espíritu Santo

En nuestro estudio de Juan 3:5 ya hemos visto que existe una relación cercana entre el bautismo y el Espíritu Santo, en que ambos están relacionados con el nuevo nacimiento. Aquí en Hechos 2:38, esta conexión se hace aun más notable y más específica. El don del Espíritu mismo, como una presencia que mora dentro del individuo, es prometido como resultado del bautismo cristiano: "... bautícese cada uno de vosotros en el nombre de Jesucristo para perdón de los pecados; y recibiréis el don del Espíritu Santo".

La realidad de la presencia interior del Espíritu en nuestra vida y nuestros cuerpos es un hecho enseñado con fuerza y claridad en la Escritura. Ve Romanos 8:9-11; 1 Corintios 6:19; 2 Timoteo 1:14. Hechos 2:38 nos dice que el bautismo es el punto en el tiempo cuando el Espíritu entra en nuestras vidas de esta manera.[27]

---

[26] Es posible que una persona pierda su fe, y, en tal caso, también perdería su justificación.

[27] El dar el Espíritu Santo es descrito como el acto de Dios de poner su sello de propiedad en nosotros: "... habiendo creído en él, fuisteis sellados con el Espíritu Santo de la promesa" (Efesios 1:13; compare Efesios 4:30). Aunque el sustantivo no es usado en este contexto, el Espíritu mismo, sin duda es el sello de ser propiedad de Dios. Al contrario

Capítulo cinco — Hechos 2:38-39 (II)

Aunque el bautismo es un acto único que involucra el agua y el Espíritu (Juan 3:5), este pasaje en Hechos muestra que el bautismo en agua en realidad precede o es una condición anterior a la obra regeneradora del Espíritu llevada a cabo en él. En el bautismo se da el Espíritu Santo. A su vez, él da el nuevo nacimiento por medio de su presencia misma. Por lo tanto, aunque son mayormente simultáneos, técnicamente no comienzan al mismo tiempo.

Como fue sugerido antes en este capítulo, el don del Espíritu morador es el fondo mismo del mensaje y la promesa de pentecostés.

> El don del Espíritu morador es el fondo mismo del mensaje y la promesa de pentecostés.

Antes de su ascensión, Jesús dijo a sus apóstoles que esperaran en Jerusalén por "la promesa del Padre" (Hechos 1:4-5). Los fenómenos del Pentecostés confirmaron que esta promesa fue cumplida aquel día (Hechos 2:16-17, 33); de allí en adelante, el don del Espíritu ha sido ofrecido a cualquiera que se arrepiente y es bautizado en el nombre de Jesús (Hechos 2:38-39). Entonces, aunque se parezca muy improbable, este don de valor incalculable, prometido y esperado desde hacía mucho tiempo atrás, se hace depender del bautismo por el propósito de Dios. Esto es indicado en Hechos 5:32 también, cuando Pedro nota que Dios ha dado el Espíritu Santo a "los que le obedecen" —una referencia obvia a Hechos 2:38. De esto solo podemos ver el lugar importante que Dios ha asignado al bautismo en el plan de salvación.

Un problema surge por el hecho de que en varias ocasiones en el libro de los Hechos, parece que el Espíritu Santo es dado aparte del bautismo, o sea, antes o después de él. Algunos concluyen de estos eventos que el dar el Espíritu Santo no sigue ningún patrón predispuesto y, especialmente, que no tiene ninguna relación en particular con el bautismo.

Dos veces el Espíritu Santo es dado antes del bautismo, es decir, en el Pentecostés (Hechos 2:1-4) y en la conversión de Cornelio y su casa (Hechos 10:44-48). Sin embargo, es un error grave ver estos eventos como típicos y como experiencias representativas de la

---

al pensar popular, el bautismo en si jamás es llamado un sello. Más bien, como indica Hechos 2:38, es la ocasión para dar el sello verdadero, el Espíritu Santo.

Capítulo cinco — Hechos 2:38-39 (II)

conversión. De hecho, se entiende que son lo contrario. En primer lugar, no es claro si la presencia antes del bautismo del Espíritu en estos casos resultó en la conversión (el nuevo nacimiento) de manera alguna, o si era simplemente un asunto de equipar a estos individuos en particular con la habilidad milagrosa de hablar en lenguas.

En segundo lugar, aun si en verdad involucraron el nuevo nacimiento, los propósitos evidenciales de estos dos eventos requieren que sean inusuales y únicos y contrarios al patrón normal de la conversión. En cada caso el punto principal era las lenguas milagrosas, que funcionaron como señales de la verdad del testimonio apostólico. En el Pentecostés las lenguas establecieron el mensaje que éste era el principio del derramamiento del Espíritu de la nueva era. En Hechos 10, las lenguas fueron la evidencia de que Dios quería que los gentiles fueran aceptados en su iglesia junto con los judíos. Por lo tanto, estos eventos no fueron destinados como ejemplos de la conversión. Fueron destinados como excepciones a la regla en el sentido de que cada milagro es una excepción; esto es lo que les da su valor probatorio.

En tercer lugar, Pedro indica específicamente que la manera de la venida del Espíritu en el Pentecostés y sobre Cornelio es aparte de la experiencia normal. Nota que Cornelio y su casa "han recibido el Espíritu Santo también como nosotros" (Hechos 10:47; compara 15:8), pero Hechos 11:15 muestra que él considera que la manera en que lo recibieron era comparable sólo a la misma experiencia de Pentecostés: "Y cuando comencé a hablar, cayó el Espíritu Santo sobre ellos también, como sobre nosotros al principio". Y ¿qué fue lo único de estas dos ocasiones? Estos son los únicos casos registrados en donde el Espíritu fue dado sin ningún intermediario humano de tipo alguno, donde el Espíritu cayó inmediatamente sobre los individuos escogidos. En todo otro caso está involucrado un mediador humano, o por medio del bautismo o por la imposición de las manos.

La conclusión es que Hechos 2:1-4 y Hechos 10:44-48 no niegan la verdad de Hechos 2:38 tocante a la conexión designada entre el bautismo y el Espíritu Santo. No dan ninguna justificación para esperar que el Espíritu sea dado antes del bautismo.

Capítulo cinco — Hechos 2:38-39 (II)

En dos otras ocasiones en el libro de los Hechos, sin embargo, parece ser que el Espíritu es dado después del bautismo, en una acción por separado de la imposición de las manos de un apóstol: ve Hechos 8:17-18; 19:6. La suposición de que estos dos pasajes se refieren al don del Espíritu morador es una de las razones por el auge de la práctica de la confirmación en algunos grupos eclesiásticos. Pero ésta es la cuestión: ¿Es dar el Espíritu en estos dos casos el mismo que lo prometido en Hechos 2:38? Parece que no.

¿Qué es lo que pone aparte estos dos eventos de la experiencia normal de conversión en que el Espíritu morador se da en el bautismo cristiano? Básicamente, los dos aparentan involucrar, no la morada del Espíritu, sino el otorgamiento de dones milagrosos del Espíritu. En Samaria lo que fue dado por la imposición de las manos de los apóstoles fue algo observable y asombroso (Hechos 8:18); en Hechos 19:6 el resultado se da específicamente: "hablaban en lenguas, y profetizaban". Especialmente del relato de la misión de Felipe en Samaria (Hechos 8:5-18), se nos justifica la conclusión de que los dones espirituales milagrosos sólo podían ser otorgados por medio de la imposición de las manos de un apóstol. (Por esto los eventos de Pentecostés y Cornelio fueron únicos en que aun la manera en que fueron dadas las habilidades milagrosas fue un milagro en sí.) Por medio de la promesa incondicional en Hechos 2:38 (compara Hechos 5:32) podemos concluir, entonces, que tantos los discípulos samaritanos como los discípulos efesios recibieron el Espíritu morador cuando fueron bautizados (Hechos 8:12; 19:5). Subsecuentemente, se les fueron otorgados dones espirituales milagrosos cuando los apóstoles les impusieron sus manos.

De nuevo, queda firme la conexión entre el bautismo y el Espíritu Santo establecida en Hechos 2:38. Los eventos que se apartan de este patrón son o deliberadamente únicos o se refieren a otra cosa que el don del Espíritu morador que provee el nuevo nacimiento. Este entendimiento es consistente con el testimonio de otros pasajes neotestamentarios que vinculan el bautismo a la obra regeneradora

Capítulo cinco — Hechos 2:38-39 (II)

del Espíritu, o sea, Juan 3:5; Romanos 6:3ss; Colosenses 2:12 y Tito 3:5.

III. Resumen

En este capítulo y el anterior, hemos tratado de explicar el significado del bautismo en las instrucciones de Pedro en Hechos 2:38-39. Hemos hecho énfasis en el significado del contexto histórico, es decir, que éste fue el día en que Dios dio el largamente esperado derramamiento del Espíritu Santo. Ésta fue también la ocasión cuando los judíos fueron confrontados con su culpa de rechazar y crucificar a Cristo, quien fue confirmado como su Mesías por su resurrección y entronización y por su participación en el envío del Espíritu. Miles en la audiencia de Pedro llegaron a la convicción y preguntaron qué podían hacer para ser libres de la culpa de su pecado.

Hemos visto que la respuesta de Pedro incluyó la promesa de una "doble cura" del "doble dilema" del pecado: el perdón para quitar su culpa, y la morada del Espíritu Santo para darles un nuevo nacimiento a una nueva vida espiritual. Su respuesta también incluyó las condiciones para recibir estas bendiciones: el arrepentimiento y el bautismo.

> Pedro incluyó la promesa de una "doble cura" del "doble dilema" del pecado.

Hemos tratado en cierto detalle la conexión entre el bautismo y el perdón declarada aquí en Hechos 2:38. De significado especial es el uso de la palabra griega eis, que se ha mostrado por consideraciones léxicas y por el contexto significar "hacia" o "con el propósito de". Por lo tanto, el propósito mismo del bautismo es traer el perdón o la justificación.

Finalmente, hemos tratado la conexión entre el bautismo y el Espíritu Santo, enfatizando que el bautismo es una clara condición anterior a la recepción del don de la presencia regeneradora y el Espíritu morador. Los pasajes en Hechos que separan el bautismo del don del Espíritu son excepciones deliberadas únicas o no están hablando de la presencia salvadora del Espíritu.

Hechos 22:16

*E*l bautismo es mencionado varias veces en el libro de Hechos después del 2:38, pero mayormente para registrar el hecho de que ciertos individuos fueron bautizados (por ejemplo: 8:12, 38; 9:18; 10:48; 16:15, 33). Sólo un pasaje más refleja significativamente sobre el verdadero concepto del bautismo, es decir, Hechos 22:16. Aquí Ananías, el siervo de Dios, se dirige al humillado Saulo de Tarso (quien está a punto de convertirse en Pablo el apóstol) con estas palabras: "Ahora, pues, ¿por qué te detienes? Levántate y bautízate, y lava tus pecados, invocando su nombre".

I. Saúl, el pecador

Para entender el significado del bautismo enseñado en este pasaje, de nuevo debemos estudiar el contexto histórico en que se hizo la declaración. Especialmente debemos inquirir respecto al estado espiritual de Saulo cuando Ananías se dirige a él. ¿Ya es salvo, o todavía es un pecador no salvo? Para encontrar la repuesta, debemos estudiar los tres relatos de la conversión de Saulo juntos: Hechos 9:1-19; 22:1-16 y 26:1-18.

> Antes de su experiencia de conversión, Saulo se consideraba estar entre la élite del Israel creyente.

Antes de su experiencia de conversión, Saulo se consideraba estar entre la élite del Israel creyente, un judío devoto que estaba "celoso de Dios" (22:3). Sin embargo, de su perspectiva como cristiano,

Capítulo seis — Hechos 22:16

reconoció que había sido el primero entre los pecadores (1 Tim. 1:15). Era culpable de blasfemia, persecución de los cristianos y de Cristo mismo (26:14-15), violencia e incredulidad (1 Tim. 1:13). Éste es otro ejemplo de cómo aun la más sincera fe en el Antiguo Pacto ya no era suficiente una vez que se conocía a Cristo.

Mientras Saulo iba en camino a Damasco para perseguir a más cristianos, el Señor resucitado y vivo se le apareció y le reclamó: "Saulo, Saulo, ¿por qué me persigues?" El desconcertado y deslumbrado Saulo sólo pudo preguntar: "¿Quién eres, Señor?" La respuesta fue: "Yo soy Jesús de Nazaret, a quien tú persigues" (9:5; 22:8; 26:15). Lleno de inmediato de un sentido de su culpa y con temor, Saulo sólo logró preguntar: "¿Qué haré, Señor?" La respuesta: "Levántate, y ve a Damasco, y allí se te dirá todo lo que está ordenado que hagas" (22:10).

Cegado por la refulgencia del resucitado Cristo, Saulo fue llevado a Damasco, pero nadie vino a él por tres días. Durante este tiempo, el cegado Saulo oró y ayunó, esperando a alguien que le ayudara. Sabía por medio de una visión que un hombre llamado Ananías vendría para este propósito (9:9-12). Ananías, preparado él mismo por una visión, por fin llegó después de tres días de ayuno y oración. Primero, puso las manos sobre Saulo para que le fuera restaurada milagrosamente su vista (9:12, 17-18; 22:13). Después anunció por qué el Señor se había confrontado a Saulo en una manera tan radical, es decir, porque le había escogido para ser un apóstol a los gentiles (22:14-15; ve 9:15-16).[28] Finalmente, Ananías dijo a Saulo qué hacer respecto a su culpa y pecado: "Levántate y bautízate, y lava tus pecados, invocando su nombre" (22:16).

Ahora, la pregunta crucial es ésta: ¿podemos discernir si Saulo está todavía en sus pecados cuando fue así exhortado, o si ya ha sido salvo? Para decirlo de otra manera, ¿existe otro punto anterior a éste en que pudo haberse sido completamente convertido?

---

[28] En su breve recuento de este evento ante el rey Agripa, Pablo no menciona el papel de Ananías. Su resumen de la comisión en 26:16-18 es, más probablemente, lo que Jesús le dijo más tarde por Ananías, en lugar de algo que se le dijo directamente en el camino a Damasco.

Capítulo seis — Hechos 22:16

Alguien podría sugerir que él fue convertido en el camino a Damasco a la hora de su encuentro con Cristo. Puesto que llama a Jesús "Señor" (22:8, 10), quizás esto significa que en este punto se estaba entregando al señorío de Cristo. Sin embargo, esto es improbable. La palabra misma (griega, kurios) era el término común para dirigirse respetuosamente a alguien; en tales ocasiones equivalía más o menos a nuestra palabra "señor". Quizás esto es todo lo que Pablo quiso decir en su primer uso del término, puesto que en este punto no sabía quién era Jesús: "¿Quién eres, Señor?" (22:8). Pero después de que Jesús se identifica (22:8), Saulo de nuevo le llama "Señor" (22:10), quizás en un sentido más fuerte que antes, y quizás aun indicando una actitud de sumisión. No obstante, aún es improbable que se había llevado a cabo una verdadera conversión. Saulo todavía no había escuchado el ofrecimiento del evangelio, ni se le había dicho las condiciones para recibir lo que se le ofrecía. Por eso pregunta: "¿Qué haré, Señor?" (22:10).

El hecho de que Saulo hiciera esta pregunta sugiere que en ese tiempo aún estaba en la misma condición espiritual que los judíos que fueron compungidos por el sermón de Pedro en Pentecostés. Preguntaron: "¿Qué haremos?" (Hechos 2:37). La pregunta de Saulo es exactamente la misma: "¿Qué haré?" Pero, mientras que a ellos se les dijo inmediatamente cómo recibir el perdón, a Saulo no le fue dicho en este momento qué hacer acerca de sus pecados. Así que concluimos que Saulo estaba aún en sus pecados aquí en el camino a Damasco.

Pero, aunque esto fuera cierto, alguien podría decir que seguramente Saulo fue convertido durante los tres días cuando estuvo ayunando y orando. Mas no hay ningún indicio de que hubo cambio alguno en él durante este tiempo. La conversión generalmente se acompaña por un profundo sentido de gozo y alivio (ve Hechos 8:39; 16:34), pero esto no está mencionado aquí. El hecho de que Saulo sigue orando y ayunando durante los tres días enteros indica que aún no ha recibido aquello por lo que está orando y ayunando. Todavía no ha tenido respuesta a su pregunta: "¿Qué haré?" Sabe

Capítulo seis — Hechos 22:16

que alguien llamado Ananías vendrá a decirle qué hacer (9:6, 12), pero nada sucede por tres días. Durante este tiempo todavía está en su ceguera, que es simbólica del hecho de que todavía está en sus pecados.

Cuando Ananías encuentra a Saulo por primera vez, ¿qué es lo que supone acerca de la condición espiritual de este último? El hecho de que se dirige a él como "Hermano Saulo" (9:17; 22:13) es tomado por muchos como un indicio seguro de que Ananías lo acepta como un compañero cristiano y, por lo tanto, una persona salva. Es cierto que los cristianos se dirigían los unos a los otros como "hermano" y "hermanos". Esto ocurre unas treinta veces en Hechos y 130 en los escritos de Pablo. Pero esta práctica probablemente surgió del hecho de que los judíos ya se llamaban "hermanos" entre sí por costumbre,[29] por lo cual sólo querían decir "judíos compatriotas". Este es el sentido en que Pablo se refiere a todos los judíos como "mis hermanos, los que son mis parientes según la carne" (Romanos 9:3). El dirigirse a los otros judíos como hermanos ocurre frecuentemente en el libro de los Hechos;[30] por lo tanto, no tenemos que pensar que algo más que esto es implicado al dirigirse Ananías a Saulo como "hermano".

De hecho existen dos fuertes indicios de que Ananías no consideraba a Saulo como un hermano salvo cuando primero lo encontró. Como hemos visto en nuestro estudio de Hechos 2:38, la salvación en la era mesiánica incluye el recibir al Espíritu Santo. Pero Ananías dice que ha sido enviado a Saulo para este mismo propósito de llenarlo del Espíritu Santo (9:17). Esto muestra que Saulo aún no era salvo, y que Ananías estaba consciente de ello. El otro elemento de la doble cura de la salvación es el perdón de pecados. Ahora, cuando Ananías le dice a Saulo que se levante y lave sus pecados (22:16), esto muestra que aún ve a Saulo llevando a cuestas la carga de su culpa.

---

[29] Hans von Soden, "adelfovõ, etc.", Theological Dictionary of the New Testament [Diccionario teológico del Nuevo Testamento], ed. Gerhard Kittel, tr. Geoffrey W. Bromiley (Grand Rapids: Eerdmans, 1964), I:145.

[30] Hechos 2:29, 37; 3:17; 7:2, 23; 13:15, 26, 38; 22:1, 5; 23:1, 5-6; 28:17, 21. Ve también Lucas 6:42 y Hebreos 7:5.

Capítulo seis — Hechos 22:16

Por lo tanto, no hay nada en el texto que ubica a Saulo en la compañía de los salvos cuando primero se encuentra con Ananías. Da la bienvenida a Ananías como aquel a quien Dios ha enviado para decirle qué hacer para ser salvo, y el bautismo es un elemento central en la instrucción. Se relaciona tanto al recibir el Espíritu Santo como al perdón, así como en Hechos 2:38.

Podemos inferir su relación al Espíritu en el caso de Saulo de Hechos 9:12, 17-18. En el versículo 17 Ananías menciona dos razones por las cuales fue enviado: para que Saulo recobrara su vista y fuera llenado del Espíritu. En el siguiente versículo se nos dice que la vista de Saulo fue devuelta (cuando Ananías le impuso sus manos, v. 12) y que fue bautizado. La implicación es que este último fue la ocasión para dar el Espíritu, como fue prometido en Hechos 2:38.

> La relación del bautismo al perdón de los pecados de Saulo es el punto focal de Hechos 22:16.

La relación del bautismo al perdón de los pecados de Saulo es el punto focal de Hechos 22:16. Ahora haremos un estudio más detallado de este aspecto del versículo.

II. Lava tus pecados

La instrucción de Ananías a Saulo incluye dos participios aoristas, "levantándo" e "invocando"; y dos imperativos, "bautízate" y "lava tus pecados". Este último es el punto crucial. ¿Qué quiere decir "lavar" los pecados? Al principio, estas imágenes podrían sugerir a nuestras mentes la segunda parte de la doble cura, o la limpieza de nuestras almas de la condición de iniquidad, un cambio purificador hecho en nuestros corazones. Pero ésta no es la idea principal. Más bien se refiere a la primera parte de la doble cura, o sea, el lavamiento de la culpa que hemos incurrido por causa de nuestros pecados. Es equivalente al perdón de pecados como vimos en el estudio de Hechos 2:38; su trasfondo es el lavamiento o las ceremonias rituales de limpieza del Antiguo Testamento. Esto se logra sólo por la aplicación de la sangre de Cristo a nuestras vidas: ". . . la sangre de Jesucristo su Hijo nos limpia de todo pecado" (1 Juan 1:7). Cuando Ananías

Capítulo seis — Hechos 22:16

dice: "...lava tus pecados", simplemente está diciendo: "Consigue el perdón de tus pecados".

El punto significativo para nuestros propósitos es la cercana conexión entre el bautismo y el lavamiento de pecados. El entendimiento más natural es que el anterior es de alguna manera la ocasión o la condición del último. Esto es cierto por varias razones. La primera: es consistente con la situación descrita en la última sección. Saulo está bajo una profunda convicción de sus pecados y ha estado ayunando y orando por tres días mientras espera la instrucción de qué debía hacer acerca de ellos. Por lo tanto, cuando Ananías le dice "bautízate, y lava tus pecados", el Saulo lleno de culpa tomaría más naturalmente el bautismo como lo que tenía que hacer para lavar sus pecados.

La segunda: este punto de vista es consistente con otras enseñanzas del Nuevo Testamento acerca del bautismo y la salvación en general y con sus enseñanzas acerca del bautismo y el perdón en particular. En efecto, es el equivalente exacto de la instrucción de Pedro en Hechos 2:38. "Bautícese para el perdón de sus pecados" significa lo mismo que "bautízate, y lava tus pecados".

La tercera: el mismo hecho de que Saulo fue instruido con un imperativo a lavar sus pecados muestra que debe ser el resultado del bautismo. Como notamos antes, la única verdadera manera de lavar los pecados es la sangre de Cristo. Todos ciertamente estarían de acuerdo en que sólo el Señor mismo puede aplicar su sangre a nuestras almas. Es decir, la lavamiento de pecados es un acto de Dios, y no el acto de ningún (ser) humano. Es un acto espiritual logrado por poder divino solo. Es imposible que Saulo, o cualquier otro, lavara literalmente sus propios pecados. ¿Qué sentido tiene, entonces, decirle a Saulo: "Lava tus pecados"? ¿Cómo podría ser posible que él hiciera tal cosa? He aquí la respuesta: no había manera alguna en que él mismo lo podía hacer a menos que el lavamiento de pecados dependiera de algo que podía hacer, a decir, someterse al bautismo cristiano. Ésta es la implicación del hecho de que "lavar" está en forma imperativa.

> Sólo el Señor mismo puede aplicar su sangre a nuestras almas.

Capítulo seis — Hechos 22:16

Finalmente: el número y el orden de los imperativos muestran que el bautismo es una condición para el lavamiento de pecados. Si el acto externo fuera sólo un cuadro simbólico de una limpieza interior primera, no esperaríamos que escribiera a los dos en forma imperativa. En tal caso, sería apropiado que "lava" fuere un participio aoristo (como "levantando" e "invocando"). En realidad, la acción de un participio aoristo precede la acción del verbo principal. De esta manera, Ananías habría dicho: "Bautízate [imperativo], habiendo lavado tus pecados [participio aoristo]". Pero no lo dice así; en lugar de ello, usa dos imperativos.

Pero, ¿el uso de los dos imperativos significa en sí que el bautismo es una condición para el lavamiento de pecados? No necesariamente. Los dos podrían ser imperativos con el bautismo aún siendo un cuadro simbólico de la primera limpieza interior. Pero en este caso, los imperativos tendrían que ser puestos al revés en su orden: "Lava tus pecados y bautízate". De hecho, solamente si estuvieran en este orden podríamos decir que el bautismo sólo representa la limpieza anterior. Pero no es así; "bautízate" — un imperativo — precede "lava tus pecados" — un imperativo. Este orden de los dos imperativos, junto con las otras razones dadas, requiere que concluyamos que el bautismo es una condición que precede el lavamiento o perdón de pecados.

La estrecha conexión entre el bautismo y el lavamiento en Hechos 22:16 nos ayuda a entender el contenido bautismal de otras referencias neotestamentarias al lavamiento. Por ejemplo, Pablo dice a los pecadores convertidos en Corinto: "...mas ya habéis sido lavados, ya habéis sido santificados, ya habéis sido justificados en el nombre del Señor Jesús, y por el Espíritu de nuestro Dios" (1 Corintios 6:11). Los tres verbos están en el tiempo aoristo, y se refieren a una sola acción en el pasado. El verbo por "lavados" es el mismo que se usa en Hechos 22:16, donde la acción está conectada con el bautismo. Esto sugiere que 1 Corintios 6:11 también se refiere al bautismo.

Las dos frases modificadoras en este versículo en Corintios también señalan el bautismo. "En el nombre de nuestro Señor Jesús"

Capítulo seis — Hechos 22:16

nos recuerda Mateo 28:19; Hechos 2:38; 8:16; 10:48; 19:5 y 1 Corintios 1:13. "En [«÷»] el Espíritu" es la misma expresión que se encuentra en Mateo 3:11 (y paralelos); Hechos 1:5; y Hechos 11:16. Todas éstas son referencias al bautismo. El hecho de que las dos frases son usadas para modificar los tres verbos muestra que estos últimos se refieren a un solo acto, es decir, el bautismo. "Ya habéis sido lavados", tiempo en el que "ya habéis sido santificados" y "ya habéis sido justificados".

Otro pasaje que habla del lavamiento es Hebreos 10:22, que dice que hemos tenido "purificados los corazones de mala conciencia, y lavados los cuerpos con agua pura". Es claro que ésto habla del bautismo, no sólo en referencia al lavamiento, sino también en su descripción como una aplicación de agua a nuestros cuerpos. La declaración entera se refiere a los aspectos interior y exterior de "un bautismo" (Efesios 4:5), es decir, la limpieza del corazón del pecado y la inmersión del cuerpo en agua.

Las otras dos inferencias al lavamiento que, más probablemente, hablan del bautismo son Efesios 5:26 y Tito 3:5. Estas serán tratadas en detalle en capítulos por separado.

III. Invocando su nombre

Ananías instruye a Saulo a levantarse, ser bautizado y lavar sus pecados, "invocando su nombre". El verbo aquí es un participio aoristo. Esto quiere decir que esta acción, aunque íntimamente conectada con aquella de los verbos principales, no obstante la precede. A Saulo se le dice, entonces, que "invoque su nombre" como un prefacio a su bautismo y el lavamiento de sus pecados.

¿Qué es el significado de esta acción? Para entenderlo debemos ver el origen de esta expresión en Joel y su uso en otras partes del Nuevo Testamento, especialmente en Hechos. La fuente del Antiguo Testamento es Joel 2:32: "Y todo aquel que invocare el nombre de Jehová será salvo". Puesto que esto aparece en conexión con la profecía de Joel tocante a la venida del Espíritu, no nos sorprende que Pedro lo cita en Hechos 2:21: "Y

> Se describe a los cristianos como aquellos que invocan su nombre.

Capítulo seis — Hechos 22:16

todo aquel que invocare el nombre del Señor será salvo". Pablo lo cita en Romanos 10:13: "Porque todo aquel que invocare el nombre del Señor será salvo". Se describe a los cristianos como aquellos que invocan su nombre (Hechos 9:14, 21; 1 Corintios 1:2).

Específicamente, ¿cuál nombre se invoca? En Joel se invoca el nombre de Yaweh ("Jehová"), quien sabemos en la revelación del Nuevo Testamento que incluye al Padre, Hijo y Espíritu Santo. En los pasajes del Nuevo Testamento el nombre "Señor" se refiere específicamente a Jesucristo. Esto es especialmente claro en Hechos 9:13-17; Romanos 10:9-13; y 1 Corintios 1:2. Por lo tanto, aunque no se menciona un nombre específico en Hechos 22:16, sin duda se refiere al invocar el nombre del Señor Jesucristo.

Ahora la pregunta crucial es ésta: ¿con qué propósito o con qué fin se le dijo a Saulo que invocara el nombre del Señor? De nuevo aquí la respuesta no está en duda. Él debe invocar el nombre del Señor para salvación. Esto es el punto de Joel: "Y todo aquel que invocare el nombre de Jehová será salvo". Así es como Pedro y Pablo lo citaron: todo aquel que invocare el nombre del Señor será salvo. Pablo lo hace igual a la confesión con la boca de que Jesús es Señor, una confesión que resulta en salvación (Romanos 10:9-10; comparar 10:13).

Por lo tanto, la instrucción de Ananías confirma el testimonio bíblico unánime acerca del significado salvador del bautismo. Dios ha prometido salvarnos — y darnos el perdón de pecados y el don del Espíritu Santo — en el bautismo cristiano. Cuando una persona se prepara para ser bautizada, debe invocar a Dios a cumplir esta promesa; debe invocar al Señor Jesucristo a aplicar su sangre limpiadora a su corazón pecaminoso y enviar el don del Espíritu Santo. Es una oración de fe en la fidelidad de Dios.

Como fue aplicado a Saulo, implicó dos cosas. La primera: el hecho de que debería invocar el nombre del Señor en conexión con su bautismo significó que aún no había recibido la salvación. El enfoque entero de su invocación del nombre del Señor era para ser salvo. Por lo tanto, esto es una confirmación final de la conclusión ya determinada antes, que Saulo no fue salvo en el camino a Damasco ni

Capítulo seis — Hechos 22:16

durante sus tres días de ayuno y oración. No era salvo hasta que invocó el nombre del Señor en el bautismo. La segunda: esta "invocación de su nombre" era un indicio de la fe de Saulo en Jesús. Podemos notar aquí que no hay una mención específica de la fe en la instrucción de Ananías, pero, no obstante, está implicado. Según Romanos 10:14, uno no puede invocarle si no ha creído en él. Por lo tanto, aquí se le instruye a Saulo a hacer lo que tiene que hacer todo buen judío ahora que ha venido el Mesías, es decir, transformar su fe limitada del Antiguo Pacto a la plena fe que acepta a Jesús como Yaweh mismo y como la fuente de salvación.

IV. Resumen

En este capítulo hemos explorado la enseñanza de Hechos 22:16 acerca del significado del bautismo. Primero recordamos los hechos básicos de los encuentros de Saulo con Jesús y Ananías, y concluimos que todavía no era salvo cuando Ananías lo instruyó acerca del bautismo. Notamos que Ananías le dio el ofrecimiento del evangelio de la doble cura: perdón (el "lavamiento" de la culpa de sus pecados) y el Espíritu Santo.

Luego, nos concentramos en la relación entre el bautismo y el lavamiento de pecados. Concluimos que el único entendimiento razonable de las palabras de Ananías es que el lavamiento se lleva a cabo en el acto del bautismo. Esto es consistente con el contexto y con otras enseñanzas neotestamentarias. También, se le requiere por el hecho de que "lavar" es un imperativo en sí, y también por el número y el orden de los dos imperativos en el versículo.

> "Invocar su nombre" se refiere al invocar el nombre de Jesús para su salvación prometida.

Finalmente, vimos que "invocar su nombre" se refiere al invocar el nombre de Jesús para su salvación prometida. Que esto precede el bautismo se muestra por medio de la construcción con participio y confirma el hecho de que el bautismo es para salvación. El pecador se acerca al bautismo invocando al Señor a salvarlo como lo ha prometido.

Romanos 6:3-4

*H*asta ahora hemos considerado tres pasajes en los Evangelios y dos en el libro de los Hechos que nos dicen algo acerca del significado del bautismo. Todos estos pasajes son en anticipación del bautismo, es decir, son declaraciones y exhortaciones registradas antes del bautismo mismo. Las declaraciones en los Evangelios fueron hechas por Jesús antes de ser instituido el bautismo cristiano. Las exhortaciones en Hechos fueron parte del ofrecimiento del evangelio hecho a pecadores, invitándoles a recibir la salvación.

El resto de los pasajes que se considerarán en este libro están tomados de las epístolas, y todos tratan con el bautismo como un acto ya llevado a cabo. Son declaraciones hechas principalmente a cristianos que ya han sido bautizados. Son para aumentar nuestro entendimiento acerca del significado de nuestro propio bautismo. Nos informan más acerca de lo que en realidad sucedió cuando fuimos bautizados.

El primero de estos pasajes es Romanos 6:3-4, que dice: "¿O no sabéis que todos los que hemos sido bautizados en Cristo Jesús, hemos sido bautizados en su muerte? Porque somos sepultados juntamente con él para muerte por el bautismo, a fin de que como Cristo resucitó de los muertos por la gloria del Padre, así también nosotros andemos en vida nueva". ¿Qué es lo que el Apóstol Pablo está diciendo aquí respecto a nuestro bautismo?

Capítulo seite — Romanos 6:3-4

I. Unión con Cristo

El punto básico del pasaje es que somos "bautizados en Cristo Jesús", o sea, en una unión salvadora con Cristo nuestro Redentor. El concepto de unión con Cristo ocurre muy frecuentemente en las Escrituras. Es una descripción comprensiva del estado de ser salvo. Todos los demás aspectos de la salvación nos llegan como resultado de ser unidos con Cristo.

La terminología que expresa esta unión varía, pero los términos principales son que estamos en Cristo y Cristo está en nosotros. Tocante al anterior, por ejemplo, Pablo se refiere a "todos los santos en Cristo Jesús" en Filipos (Filipenses 1:1; ve Colosenses 1:2); y Pedro declara: "Paz sea con todos vosotros los que estáis en Jesucristo" (1 Pedro 5:14). Pablo dice: "Mas por él estáis vosotros en Cristo Jesús" (1 Corintios 1:30). Tocante a la otra expresión, Pablo dice que como cristianos deberíamos saber que "Jesucristo está en vosotros" (2 Corintios 13:5). Dice que nuestro espíritu está vivo "si Cristo está en vosotros" (Romanos 8:10). "Cristo en vosotros" es "la esperanza de la gloria" (Colosenses 1:27). Así ora: "Para que habite Cristo . . . en vuestros corazones" (Efesios 3:17). El testimonio de sí mismo es: "Ya no vivo yo, mas vive Cristo en mí" (Gálatas 2:20).

¿Qué significa decir que tenemos unión con Cristo, tal como, tanto él está en nosotros como nosotros estamos en él? Estas declaraciones no significan un lugar físico, sino la cercanía de nuestra relación con nuestro Salvador. El punto específico es que nuestra relación con Cristo es tan cercana que todo el poder y la vida que emanan de su obra redentora pertenecen a nosotros y fluyen en nuestras vidas. Todos los beneficios redentores de su muerte, sepultura y resurrección son nuestros. Por lo tanto, Pablo dice que somos unidos a él específicamente en su muerte y resurrección (Romanos 6:5).

¿Cuáles son los resultados cuando somos unidos con Cristo en su muerte y resurrección? ¿Cuáles beneficios específicos son nuestros por medio de esta unión? Ni más ni menos que la doble cura. Puesto que Jesús murió con el único propósito de tomar nuestra culpa sobre sí mismo y pagar el precio eterno por nuestros pecados, cuando somos

Capítulo seite — Romanos 6:3-4

unidos con él en su muerte nuestra culpa es removida y nuestro estado ante Dios es tal que se considera pagado el precio de nuestra redención. La sangre que él derramó en su muerte se aplica a nuestras almas culpables y se convierte en nuestro escudo para protegernos de la merecida ira de Dios. Por lo tanto, por esta unión con Cristo somos perdonados o justificados. Como dice Romanos 8:1: "Ahora, pues, ninguna condenación hay para los que están en Cristo Jesús".

Pero hay más. Nuestra unión con Cristo también nos provee con la otra parte de la doble cura, o sea, nuestra regeneración o renacimiento a una vida nueva. Éste es el punto principal aquí en Romanos 6. El ser unidos con Cristo en su muerte, sepultura y resurrección significa que nosotros mismos experimentamos una muerte, sepultura y resurrección. Así como Cristo murió con referencia a los pecados de todo el mundo, en nuestra unión con él morimos a nuestro propio pecado (Romanos 6:10-11). Nuestro antiguo ser, propenso al pecado, en realidad experimenta una muerte (Romanos 6:6) y está sepultado fuera de la vista así como Jesús lo fue (Romanos 6:4). Entonces, así como Jesús se

> Como Jesús se levantó de la muerte, en nuestra unión con él, nosotros también experimentamos una verdadera resurrección de la muerte espiritual.

levantó de la muerte, en nuestra unión con él, nosotros también experimentamos una verdadera resurrección de la muerte espiritual y comenzamos a vivir una vida nueva (Romanos 6:4-5; comparar Efesios 2:1, 5-6). Ésta es la misma idea de 2 Corintios 5:17: "De modo que si alguno está en Cristo, nueva criatura es; las cosas viejas pasaron; he aquí todas son hechas nuevas". Entonces, podemos ver cuán importante es nuestra unión con Cristo. Es la clave de nuestra salvación. Incluida en esta única realidad es nuestra libertad, tanto de la culpa como del poder del pecado.

II. Sepultados en Cristo

En vista a esta importancia, deberíamos tener un interés vital en el momento en que comienza esta unión con Cristo. ¿Cuándo,

Capítulo seite — Romanos 6:3-4

exactamente, ocurre nuestra muerte al pecado, y exactamente cuándo recibimos la "nueva vida"? ¿Cómo contesta Romanos 6 esta pregunta?

Aunque el texto parece ser claro e inequívoco en cuanto a este punto, es un asunto de grave desacuerdo. Cuando menos tres respuestas se han dado. Una es que nuestra muerte y resurrección con Cristo se llevó a cabo en la ocasión histórica de su propia muerte y resurrección hace más de diecinueve siglos. La idea aquí es que en realidad estuvimos en Cristo, o éramos una parte de Cristo cuando él fue a la cruz; por lo tanto, fuimos literalmente "crucificados con él" (ve Romanos 6:6). Cuando él salió de la tumba, estuvimos realmente en él y, de esta manera, resucitamos con él. Este punto de vista es el más popular entre aquellos que mantienen la creencia de propiciación limitada (como los calvinistas). Dicen que sólo los elegidos estuvieron con Cristo en la cruz y en la tumba; por lo tanto, su obra salvadora se aplica sólo a los elegidos. También su presencia en Cristo en aquel tiempo garantiza su salvación.

(Se toma nota de este último punto. Si éste es el punto de vista correcto, entonces el que estuvo "en Cristo" en el tiempo de su obra salvadora seguramente será salvo, puesto que aquella persona ya ha sufrido literalmente el castigo por sus pecados. Por lo tanto, los únicos que pueden mantener consistentemente este punto de vista son los calvinistas y universalistas. Si sólo los elegidos estuvieron en Cristo en la cruz y en la tumba, entonces sólo los elegidos serán salvos. Pero si toda la raza humana estuvo allí en Cristo, entonces toda la raza humana será salva.)

Aquellos que se adhieren a esta primera opinión características ticamente tienen un enfoque débil acerca del bautismo. Ya sea que nieguen que Romanos 6 está hablando de manera alguna acerca del bautismo en agua,[31] o dicen que el bautismo sólo simboliza la muerte y la resurrección que experimentamos con Cristo cuando él murió y resucitó hace casi dos mil años.

---

[31] Uno de mis profesores en el Westminster Theological Seminary [Seminario Teológico Westminster] (Jay Adams) exclamó un día en la clase: "¡No hay ninguna gota de agua en Romanos 6!"

Capítulo seite — Romanos 6:3-4

Un segundo punto de vista acerca del momento de nuestra muerte al pecado y resurrección a una vida nueva es que esto ocurre tan pronto el corazón se vuelve a Dios en fe y/o arrepentimiento. Ésta es probablemente la opinión más común. Es muy popular en el protestantismo en general, creída por muchos de aquellos que tienen un concepto de "sólo fe" para salvación (especialmente si no se adhieren a la primera opinión mencionada arriba). Es la opinión expresada en la canción popular, "Sepultura en agua", cuyas palabras incluyen esta idea: "Voy al río; voy a ser sepultado vivo; voy a mostrar a mi Padre celestial que el hombre que fui por fin murió". Esto significa que la muerte y la resurrección ya se han efectuadas antes del bautismo, que es una demostración simbólica subsecuente a aquel hecho.

Esta segunda opinión también prevalece mucho en la literatura del Movimiento de Restauración, en el pasado y en el presente. Se dice comúnmente que la muerte y la resurrección son el resultado del arrepentimiento. Cuando una persona se arrepiente, pone su antigua vida tras sí (ésta es la muerte) y determina vivir para Dios (ésta es la vida nueva). Por lo tanto, la muerte y la resurrección ya ha sido logradas antes del bautismo, que, de nuevo, sólo simboliza estas realidades. Después de todo (se dice comúnmente), no sepultamos a alguien si no está ya muerto, ¿verdad?

Sin embargo, ambas de estas dos opiniones parecen tropezar sobre el texto mismo que presenta un tercer punto de vista. En una manera muy clara y sencilla Romanos 6:3-4 afirma que el bautismo es el momento

> El *bautismo* es el momento cuando somos unidos con Cristo en su muerte y resurrección.

cuando somos unidos con Cristo en su muerte y resurrección y, por lo tanto, el momento cuando experimentamos nuestra propia muerte al pecado y resurrección a una vida nueva.

En términos generales, el versículo tres nos recuerda que hemos sido "bautizados en Cristo Jesús". La palabra en es, de nuevo, la palabra griega eis, que ya ha sido tratado ampliamente en conexión con Hechos 2:38. En su significado básico esta preposición indica

Capítulo seite — Romanos 6:3-4

movimiento hacia un destino o una meta, especialmente cuando se usa con un verbo de acción. El verbo "bautizados" es ciertamente un verbo de acción, siendo el destino o la meta Cristo Jesús mismo. Por lo tanto, ser "bautizados en" Cristo quiere decir que el bautismo es la acción que nos mueve hacia o nos mete "en Cristo", es decir, en esa relación cercana con él que nos hace partícipes de los beneficios de su obra salvadora.

Esto es esencialmente lo mismo que el ser bautizado "en [eis] el nombre de" el Padre, Hijo y Espíritu Santo, tratado antes en referencia a Mateo 28:19. Ambas expresiones ("bautizados en Cristo" y "bautizados en el nombre de Cristo") hablan de entrar en una relación íntima con nuestro Señor en el bautismo cristiano. Ve también Gálatas 3:27 para esta misma idea. (Se tratará este pasaje en más detalle en un capítulo posterior.)

En Romanos 6:3-4 Pablo supone que cada cristiano ya sabe que ha sido bautizado en Cristo. Su punto aquí es mostrarnos específicamente lo que esto significa. Dice: "¿O no sabéis que todos los que hemos sido bautizados en Cristo Jesús, hemos sido bautizados en su muerte?" En el contexto nos recuerda que Jesús murió por nuestros pecados, no sólo en el sentido de que pagó su precio, sino también en que murió para vencer el pecado y destruir su poder y quitarlo (ve 6:6-10). Y cada cristiano ha venido dentro del alcance de esta fuerza destructora del pecado en la muerte de Cristo; hemos aprovechado su poder letal. ¿Cuándo hicimos esto? En nuestro bautismo. No existe ningún indicio de que esta unión con Cristo en su muerte ocurrió tan pronto que creímos o nos arrepentimos. Pablo dice explícitamente que "hemos sido bautizados en su muerte" (v. 3). Si esto no es suficientemente claro, se repite la idea en el versículo 4: "Porque somos sepultados juntamente con él para muerte por el bautismo". Aquellos que dicen que nuestra unión con Cristo en su muerte y, por lo tanto, nuestra propia muerte al pecado, ocurrió antes del bautismo sencillamente no están tomando en serio el texto.[32]

---

[32] La idea de que el bautismo como una sepultura implica que la muerte ya ha ocurrido es una inferencia que va en contra del texto mismo. Romanos 6:4 no dice que somos sepultados en el bautismo porque ya hemos muerto; dice que somos sepultados por el

Capítulo seite — Romanos 6:3-4

Lo que es cierto acerca de nuestra unión con Cristo en su muerte también es cierto de nuestra unión con él en su resurrección. Este pasaje no habla explícitamente de que somos bautizados en la resurrección de Cristo o levantados con Cristo en el bautismo, pero la implicación es muy clara. La conexión lógica y cronológica entre la muerte y la resurrección es tal que la unión con Cristo en la resurrección ciertamente no podría ocurrir antes de la unión con él en la muerte. El versículo 4 específicamente dice que fuimos sepultados con él en el bautismo para muerte por el mismo propósito de experimentar la resurrección también con él. "Porque si fuimos plantados juntamente con él en la semejanza de su muerte, así también lo seremos en la de su resurrección" (v. 5). Colosenses 2:12 sí dice explícitamente que nuestra resurrección con Cristo ocurre en el bautismo. (Se tratará este pasaje más ampliamente en otro capítulo.)

Entonces, Pablo nos está diciendo que los eventos históricos de la obra salvadora de Jesús tienen su contraparte o cumplimiento en un evento histórico específico en la vida de cada cristiano, es decir, en nuestro bautismo. La crucifixión y resurrección de Cristo son los eventos que nos salvan, pero el poder de estos actos salvadores se aplica a nosotros en el bautismo. Dice Oepke: "El bautismo . . . es para los individuos la actualización de esta relación a la historia salvadora".[33] Así como Cristo en verdad murió y resucitó, en nuestro bautismo también verdaderamente morimos y resucitamos en un sentido espiritual por virtud de ser introducidos nosotros en una relación con su muerte y resurrección en ese momento.

No sería fuera de lugar comentar aquí sobre la conveniencia de la inmersión como la única forma válida del bautismo. La referencia al bautismo como una sepultura con Cristo (v. 4; ve Colosenses 2:12) en sí misma subraya este hecho. Pero el concepto de una sepultura no debería ser enfatizado aparte de los

> El morir y resucitarse con Cristo son los elementos principales del bautismo.

bautismo para muerte".

[33] Albrecht Oepke, "Iou`w, etc.", Theological Dictionary of the New Testament [Diccionario teológico del Nuevo Testamento], ed. Gerhard Kittel, tr. Geoffrey W. Bromiley (Grand Rapids: Eerdmans, 1967), IV:303.

Capítulo seite — Romanos 6:3-4

aspectos de muerte y resurrección. De hecho, el morir y resucitarse con Cristo son los elementos principales del bautismo; la sepultura es, en un sentido, sólo incidental a estos. O más bien, el punto principal es la plena, ininterrumpida secuencia de muerte, sepultura y resurrección, todas las cuales son representadas por el solo acto del bautismo. No se puede poner en duda que la inmersión es la única forma del bautismo que representa esta secuencia entera; ninguna otra forma se le acerca. Esta conexión debe ser intencional; Dios señaló la inmersión para este propósito por su habilidad visual única de representar muerte, sepultura y resurrección—tanto las de Cristo como las nuestras.

Así se reconoce que el bautismo es una representación simbólica de una realidad más profunda, "una señal exterior de una gracia interior", según la descripción común. Ésta es una verdad que casi nadie niega. El error grave a menudo ligado a esta verdad, sin embargo, es que el bautismo simboliza una realidad que ya ocurrió. Esto sería cierto si estuviéremos pensando sólo en la muerte, sepultura y resurrección de Jesús; en este caso sí simboliza una realidad pasada. Pero esto no es cierto con respecto a nosotros mismos. En nuestro caso, la Escritura enseña consistentemente que el bautismo como el símbolo externo ocurre simultáneamente con la realidad que simboliza. En Romanos 6 esta realidad es la muerte y sepultura de nuestra vida antigua de pecado y nuestra resurrección a una vida nueva. Es una realidad que ocurre porque somos "bautizados en Cristo".

III. La base para vivir en santidad

Pablo afirma en Romanos 6:3-4 que nuestra unión con Cristo comienza en el bautismo, resultando en nuestra muerte personal al pecado y resurrección a una vida nueva en Cristo. Esto equivale al nuevo nacimiento de Juan 3:5, que se relaciona con el bautismo y el Espíritu. También es el mismo propósito por el cual el Espíritu es prometido en Hechos 2:38-39, o sea, la regeneración interior. Todas éstas son sólo diferentes maneras de referirse a la misma realidad: el nacer de nuevo, ser regenerado, morir al pecado y resucitarse de

Capítulo seite — Romanos 6:3-4

nuevo con Cristo. Esto se logra dentro de nuestra alma específicamente por el Espíritu Santo, cuyo presencia dentro de nosotros como dones uno de los principales beneficios de la obra redentora de Cristo y nuestra unión con él.

¿Qué es el significado de esta resurrección hecha por el Espíritu en nuestras almas? Básicamente, es un cambio dentro de nosotros que rompe el control del

> Básicamente, es un cambio dentro de nosotros que rompe el control del pecado sobre nuestros corazones.

pecado sobre nuestros corazones y hace posible que vivamos una vida que es santa y agradable a Dios. La realidad de este cambio es el punto principal del contexto de Romanos 6:3-4.

En los primeros cinco capítulos de Romanos, Pablo ha establecido el hecho de que somos justificados por fe en la obra salvadora de Cristo, y no por nuestras obras hechas en obediencia a la ley de Dios. Ésta es la esencia de la salvación por gracia. En los capítulos 6 y 7, trata con posibles objeciones que se pueden levantar en contra de esta enseñanza. La primera es que una idea semejante parecería alentar a la gente a pecar aún más. "¿Qué, pues, diremos? ¿Perseveraremos en el pecado para que la gracia abunde?" (Romanos 6:1). Respondiendo a esta objeción, Pablo apela al evento de nuestro bautismo y a la realidad de la regeneración que ha ocurrido en él.

En efecto, Pablo está diciendo que cualquiera que piensa que la gracia le da licencia para seguir pecando después de ser salvo sencillamente no entiende que es una doble cura. El ser salvo es más que ser justificado o obtener el perdón de pecados. También involucra aquel cambio en nuestras almas que hace el vivir santamente algo natural para nosotros y el pecado una contradicción a nuestra naturaleza básica. Aquí habla en términos de muerte y resurrección. Clama: "Porque los que hemos muerto al pecado, ¿cómo viviremos aún en él?" (Romanos 6:2).

Podría alguien responder: "¿Qué quieres decir, Pablo, que hemos 'muerto al pecado'?" Luego viene el cuestionamiento didáctico de Pablo a este efecto: "¿Qué? ¿Quieres decir que no sabes lo que te ocurrió cuando fuiste bautizado? ¿No sabes que, cuando fuiste

Capítulo seite — Romanos 6:3-4

bautizado en Cristo, fuiste bautizado en su misma muerte? Y tan ciertamente como su muerte fue seguida por su resurrección, ¿no sabes que tú también fuiste resucitado para andar en una vida nueva?" (Romanos 6:3-4). A causa de esta muerte y resurrección personal, nosotros como cristianos ya no tenemos excusa alguna para el pecado ni razón alguna para pecar. El control del pecado en nuestros corazones está roto; somos libres de su poder esclavista (Romanos 6:6-7). La santidad ya no es sólo un deber que se persigue como esclavos, sino una bendita posibilidad que debe ser asida con gozo y acción de gracias. Ésta es la naturaleza de nuestra salvación.

> Cuán confortante el saber que tenemos dentro de nosotros mismos la base para vivir santamente.

¡Cuán hermosa y bienvenida lección es ésta para cualquier cristiano serio y sincero! ¡Cuán confortante el saber que tenemos dentro de nosotros mismos la base para vivir santamente, que hemos sido "creados en Cristo Jesús para buenas obras" (Efesios 2:10)! Pero, ¿cuándo se nos ocurrió esto? ¿Cuándo experimentamos esta maravillosa realidad? Pablo dice que en nuestro bautismo. Y ¿cómo podemos mantener la realidad de la nueva vida en nuestras mentes? ¡Al recordarnos de nuestro bautismo! ¡No olvides lo que Dios hizo por ti en tu bautismo! Cuál cristiano no se ha lamentado: "¡Si sólo podría morir a mi pecado!" ¡La verdad libertadora es que ya lo hemos hecho—en el bautismo! Como cristianos que hemos sido bautizados en la muerte de Cristo, es nuestro privilegio edificar sobre la realidad que esto nos otorga, por medio del poder del Espíritu que permanece en nosotros.

Éste es un hecho que no se puede evitar. Cuando Pablo quiere enfatizar lo inconcebible de pensar en el pecado y la posibilidad y esperanza de vivir en santidad, la vida del cristiano, apela a lo que ocurrió en nuestro bautismo. No dice: "Recuerda cuando primero creíste" o "¿No sabes qué sucedió cuando primero te arrepentiste?". No dice: "Piensa en la primera vez que inclinaste tu rostro y recibiste a Cristo en tu corazón". Dice: "¡Recuerda tu bautismo!" ¿Por qué debería él magnificar el bautismo si no fuera el momento específico en que la obra de Dios que cambia la vida y renueva el corazón se llevó a cabo realmente?

Capítulo seite — Romanos 6:3-4

IV. Resumen

En este capítulo hemos visto que Romanos 6:3-4 trata con la realidad básica de nuestra unión con Cristo, específicamente nuestra unión con él en su muerte y resurrección salvadoras. El resultado no es sólo el perdón de pecados, sino también nuestra propia muerte al pecado y resurrección a una vida nueva. Esta última es el punto de enfoque del texto.

También hemos visto que, según este texto, nuestra unión con Cristo y, por lo tanto, nuestra muerte y resurrección espiritual (otra manera de describir la regeneración), ocurrió en nuestro bautismo. Otras opiniones acerca del momento de nuestra muerte y resurrección no validan la clara afirmación que somos sepultados con él por el bautismo para muerte. La posición central de la muerte, sepultura y resurrección en el simbolismo del bautismo muestra lo apropiado de la inmersión como su único modo.

Finalmente, hemos visto que las obras espirituales hechas en nuestros corazones en el bautismo son la base dada divinamente para el vivir en santidad. Por lo tanto, la gracia no abre la puerta para pecar más y más. Hace lo contrario: cierra la puerta al pecado y lo mantiene fuera de nuestras vidas, si solamente vivimos según el potencial que nos fue otorgado en nuestro bautismo.

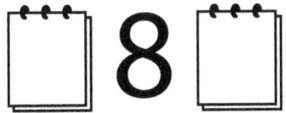

1 Corintios 12:13

El siguiente pasaje que trata con el significado del bautismo es 1 Corintios 12:13, que dice: "Porque por un solo Espíritu fuimos bautizados en un cuerpo, sean judíos o griegos, sean esclavos o libres; y a todos se nos dio a beber de un mismo Espíritu". Esto trata con un tema que ya debería ser conocido, o sea, la relación entre el bautismo y el Espíritu Santo. Sin embargo, otros dos conceptos aparecen aquí por primera vez: el bautismo y la membresía en la iglesia, y el bautismo y la unidad.

I. Bautizado en el Espíritu

Ya hemos tratado el Espíritu Santo y el bautismo en algún detalle con relación a Hechos 2.38-39; pero no hemos examinado todavía el significado de la expresión "bautizados por el Espíritu". Aunque no es obvio inmediatamente por el orden de las palabras, esta expresión se usa aquí en 1 Corintios 12:13. Pablo dice que todos hemos sido bautizados por el Espíritu.

Esta expresión ocurre en seis otros versículos en el Nuevo Testamento.[34] Cuatro de ellos están en los Evangelios y sólo son reportes paralelos del anuncio de Juan acerca del Mesías: "Yo a la verdad os he bautizado con agua; pero él os bautizará con Espíritu Santo" (Marcos 1:8; ve Mateo 3:11; Lucas 3:16; Juan 1:33). Los otros

---

[34] Otro pasaje con una expresión paralela es 1 Corintios 6:11, donde la palabra lavados se usa en lugar de bautizados. Dice que todos hemos sido "lavados" en [e÷] el Espíritu".

Capítulo ocho — 1 Corintios 12:13

dos están en el libro de los Hechos, y sencillamente son repetitivos de esta declaración original de Juan (Hechos 1:5; 11:16). Como patrón general el verbo bautizar es seguido por la frase preposicional en el Espíritu Santo, en la cual "en" traduce la palabra griega en. En un caso (Hechos 1:5) el verbo está en medio de la frase, pero esto no tiene que ver con el significado o el énfasis. En un caso (Marcos 1:8) se omite la preposición en algunos manuscritos, pero el caso dativo da el mismo significado.

Excepto por algunas diferencias que tienen que ver con el énfasis, la expresión como ocurre en 1 Corintios 12:13 es la misma que en los otros seis versículos. Porque el énfasis aquí es en la unidad, la frase preposicional se da primero y precede el verbo; y se lee "en un Espíritu", en lugar de "en el Espíritu Santo". Pero las palabras y los significados principales son exactamente los mismos que en los otros seis versículos: el verbo es el mismo (bautizar); la preposición es la misma (en); el Espíritu es el mismo.

Existe algo de desacuerdo sobre la traducción de la preposición en. La palabra puede significar "en" o "con", en el sentido que el Espíritu es el elemento en el cual somos bautizados; o puede significar "por", en el sentido que el Espíritu es el agente por el cual somos bautizados. En la declaración original de Juan, se prefiere el significado anterior, puesto que allí el bautismo en o con el Espíritu se compara al bautismo en agua y fuego (Mateo 3:11; Lucas 3:16), y estos últimos son elementos en lugar de agentes, puesto que al Mesías se le especifica como el agente que efectúa el bautismo. Sin embargo, en el contexto 1 Corintios 12:13, la misma expresión ("en el Espíritu") es usada en el otro sentido (vv. 3, 9), donde el Espíritu es el agente que lleva a cabo cierta actividad. Entonces, existen razones para entenderla de ambas maneras en el versículo 13. Beasley-Murray acierta, sin embargo, al decir: "Básicamente, el significado no está afectado grandemente" en cualquiera de las dos maneras.[35] Posiblemente se incluyen ambas ideas: el Espíritu como agente nos bautiza en sí mismo como elemento. Seguiremos hablando de "bautizados en el Espíritu".

[35] Beasley-Murray, Baptism in the New Testament [El bautismo en el Nuevo Testamento], p. 167.

Capítulo ocho — 1 Corintios 12:13

¿Qué significa ser "bautizado en el Espíritu"? Este concepto, con expresiones asociadas, tales como "el bautismo en el Espíritu Santo" y "bautizado en el Espíritu Santo", se entiende en varias maneras distintas en el cristianismo contemporáneo. En grupos eclesiásticos orientados hacia la Reforma (por ejemplo: presbiteriana, reformada, bautista) se refiere más comúnmente al momento en que el pecador nace de nuevo por medio del otorgamiento inicial del Espíritu por Dios para el propósito de salvación. Este bautismo en el Espíritu es simultáneo con el principio de fe, o como su causa (para los calvinistas) o como su resultado (para los no calvinistas). Es completamente distinto del bautismo en agua. El bautismo en el Espíritu (y, por ende, la salvación) viene primero, para ser seguido en un tiempo posterior por el bautismo en agua.[36]

> ¿Qué significa ser "bautizado en el Espíritu"?

En muchos grupos eclesiásticos orientados hacia el wesleyanismo (especialmente de santidad y pentecostales) y en círculos carismáticos, se le da a la expresión "bautizado en el Espíritu" un significado muy diferente. Para ellos se refiere a un evento que se lleva a cabo después de la conversión y después del bautismo en agua, un evento en que el Espíritu Santo bautiza al cristiano con un nuevo derramamiento de gracia. Algunos creen que esto resulta en la plenitud de santificación; otros creen que es la dádiva de poderes milagrosos, especialmente el poder de hablar en lenguas. En sí, no es un acto salvífico, aunque algunos lo creen ser una señal necesaria (especialmente el hablar en lenguas) de que la persona es salva. Excepto por aquellos que toman este último punto de vista, el bautismo en el Espíritu es algo que todo cristiano experimenta pero que, de hecho, algunos no lo hacen.

Dentro del Movimiento de Restauración una tercera opinión acerca de "bautizados en el Espíritu" es muy popular. Este punto de vista es semejante al anterior en que ve el bautismo en el Espíritu como una dádiva especial de poderes milagrosos, especialmente el hablar en lenguas, y no como un hecho salvífico. Pero aquí termina la

---

[36] Esto sería el patrón uniforme para adultos. En el caso de infantes (para aquellos que creen en el bautismo de infantes), el bautismo en agua puede preceder por muchos años el bautismo en el Espíritu.

Capítulo ocho — 1 Corintios 12:13

semejanza. Según este punto de vista, sólo dos incidentes del bautismo en el Espíritu han ocurrido alguna vez, o sea, en Pentecostés (Hechos 2) y en la casa de Cornelio (Hechos 10). Nunca fue destinado para nadie más. Y en estos dos casos, ocurrió antes del bautismo en agua, no después de ello.

La única cosa que todas estas opiniones tienen en común es que el bautismo en el Espíritu es distinto del bautismo en agua. Para algunos ocurre antes, y para otros ocurre después; pero en todo caso está separado del bautismo en agua por un intervalo de tiempo, a veces muy largo.

En mi opinión, ninguna de estas opiniones es correcta. A mi mejor entendimiento el bautismo en el Espíritu Santo es algo que cada cristiano ha experimentado: dice Pablo: "Porque por un solo Espíritu fuimos todos bautizados". También, su propósito es otorgar salvación, no poderes milagrosos. Como hemos visto en nuestro estudio de Hechos 2:38, las manifestaciones milagrosas en el Pentecostés y en la conversión de Cornelio fueron excepciones únicas y no fueron intencionadas para ser parte de la esencia del bautismo normal en el Espíritu. Su esencia es más bien la obra salvadora del Espíritu en que él regenera al pecador y comienza a morar en él; en resumen, es la segunda parte de la doble cura descrita anteriormente. Finalmente, el bautismo en el Espíritu ocurre simultáneamente con el bautismo en agua; o, más correctamente, es el aspecto interior de nuestro único bautismo. De acuerdo con lo que ya hemos visto en conexión con Juan 3:5 y Hechos 2:38, esta obra salvadora del Espíritu (o sea, el bautismo en el Espíritu) es algo que nos sucedió a todos cuando fuimos bautizados en agua.

> El bautismo en el Espíritu ocurre simultáneamente con el bautismo en agua.

La separación del bautismo en el Espíritu del bautismo en agua en dos eventos distintos es uno de los errores doctrinales más graves y más extendidos jamás introducidos al cristianismo.[37] El decir que existen dos bautismos por separado en la experiencia cristiana

---

[37] La declaración de Juan: "Yo os he bautizado en agua; pero él os bautizará en Espíritu Santo", refleja sólo una distinción entre el bautismo de Juan, que era sólo en agua, y el bautismo cristiano, que es en agua y Espíritu.

Capítulo ocho — 1 Corintios 12:13

normal contradice la enseñanza específica de Efesios 4:5: "Un Señor, una fe, un bautismo". Aunque tiene dos aspectos, uno exterior y uno interior, el bautismo es un solo evento. Nuestro único Señor tiene dos naturalezas: la divina y la humana. Nuestra única fe tiene dos aspectos: asentimiento y confianza. Y nuestro único bautismo tiene dos lados: el agua y el Espíritu. Cuando un cristiano mira hacia atrás al tiempo de su conversión, no distingue dos eventos por separado, cada uno reconocido como el bautismo. Cuando encontramos una referencia al bautismo en la Biblia, no tenemos que preguntarnos a cual se refiere — nuestro bautismo en el Espíritu o nuestro bautismo en agua. Existe un solo bautismo al cual puede referirse, es decir, el único bautismo que cualquiera de nosotros ha experimentado: aquel único momento en que nuestros cuerpos fueron sumergidos en agua y nuestros espíritus fueron sumergidos en el Espíritu Santo.

Que el Espíritu Santo actúa en una manera salvadora en el bautismo se enseña claramente en pasajes como Juan 3:5, Hechos 2:38 y Tito 3:5. Que su obra salvadora misma podría ser llamada bautismo es por lo tanto apropiado, pero es muy incidental en un sentido. Desde el punto de vista de las promesas antes del Pentecostés, el punto importante era que el Mesías vendría y nos daría el Espíritu Santo como una presencia regeneradora y moradora. Si este otorgamiento del Espíritu es llamado bautismo u otra cosa no es el punto principal. La terminología, de hecho, se deriva de las circunstancias en que Juan hizo su promesa original. Su punto principal era llamar la atención a la gran diferencia entre él mismo y el Mesías venidero. Una distinción era que este último traería el largamente esperado don del Espíritu Santo. Expresó las diferencias en términos que fueron sugeridos por su ambiente inmediato — su obra de bautismo. Dijo que él sólo bautizaba en agua, pero el Mesías "bautizará" en el Espíritu. Este término en particular es incidental; el concepto podría ser expresado en diferentes maneras.

Jesús mismo expresó la misma promesa en diferentes términos. Habló a la mujer en el pozo acerca del tomar el don de agua viva (Juan 4:10, 14). Este lenguaje en particular también se sugiere por

Capítulo ocho — 1 Corintios 12:13

el ambiente inmediato. Jesús usó la misma imagen en Juan 7:37-38 cuando clamó, diciendo: "Si alguno tiene sed, venga a mí y beba. El que cree en mí, como dice la Escritura, de su interior correrán ríos de agua viva". Generalmente se cree que el lenguaje de Jesús acerca de tomar agua viva es una alusión a una ceremonia prominente en esta fiesta en particular (v. 37), que involucraba una jarra de agua. Entonces, es muy instructivo cuando el apóstol Juan específicamente iguala el "agua viva" al Espíritu quien sería dado después de la glorificación de Jesús en el cielo (v. 39). Por lo tanto, estas referencias al beber agua viva (el Espíritu) son sólo otra manera de hablar acerca de cómo recibimos el don del Espíritu Santo. Si le llamamos "ser bautizado en el Espíritu" o "beber el Espíritu" es incidental.

De hecho, 1 Corintios 12:13 incluye ambas maneras figurativas de hablar: se refiere a ambos incidentes en los Evangelios y su promesa común del Espíritu. "Porque por un solo Espíritu fuimos todos bautizados en un cuerpo", dice, usando el término de Juan el Bautista. "A todos se nos dio a beber de un mismo Espíritu", dice, usando el término de Jesús. Los dos se refieren al mismo evento, es decir, cuando Jesús nos dio el don del Espíritu Santo en el bautismo cristiano.

Cuando los cristianos corintios leyeron por primera vez esta declaración que "por un solo Espíritu fuimos todos bautizados en un cuerpo", las referencias al bautismo habrían traído un solo recuerdo a sus mentes, es decir, el momento en que fueron sumergidos en agua para recibir el don del Espíritu Santo. Esto es lo que debería significar también para nosotros.

II. El bautismo y la iglesia

Otro elemento principal en este versículo es la relación entre el bautismo y la membresía en la iglesia de Jesucristo. Dice que por un Espíritu fuimos todos bautizados "en [eis] un cuerpo". De esto aprendemos que el bautismo es el punto o modo de entrada en la iglesia.

Capítulo ocho — 1 Corintios 12:13

El "un cuerpo" es la única iglesia de nuestro Señor. Pablo frecuentemente compara la iglesia con el cuerpo humano,[38] especialmente para enfatizar el señorío de Cristo y la unidad del pueblo de Dios. Este último es el punto principal de este contexto (1 Corintios 12:12-30), como se verá en el punto III más adelante. Tocante al versículo 13, simplemente necesitamos notar que la entrada en el "un cuerpo" es la misma que la entrada en la única iglesia.

Pablo dice específicamente que somos bautizados en la iglesia. De nuevo, la palabra en es la palabra griega eis, que indica movimiento hacia una meta. La meta es la membresía en la iglesia de Cristo, y el bautismo es la acción que nos mueve hacia aquella meta. Esta declaración no debería sorprendernos en vista de lo que ya hemos tratado en conexión con Romanos 6:3-4, que dice que somos "bautizados en [eis] Cristo Jesús". Si hemos sido bautizados en Cristo, tiene sentido que hemos sido bautizados en su cuerpo. Esto también corresponde a Juan 3:3-5, donde el ser "nacido del agua" es una condición para entrar en el reino de Dios.

Algunos se sorprenderán al enterarse que casi todos en el cristianismo están de acuerdo en que existe una conexión entre el bautismo y la membresía en la iglesia. Un punto crucial aquí, sin embargo, es la distinción entre la iglesia visible y la iglesia invisible. ¿Es válida esta distinción? Muchos en el Movimiento de Restauración lo niegan. Niegan la existencia de una iglesia "invisible" y a menudo hablan de ella como uno de los más diabólicos inventos humanos.

> Casi todos en el cristianismo están de acuerdo en que existe una conexión entre el bautismo y la membresía en la iglesia.

Empero, debo insistir que esta distinción es muy válida en las Escrituras, cuando menos en un sentido importante. Estoy de acuerdo con la premisa de la Restauración de que el Nuevo Testamento nos da (cuando menos en boceto general) un patrón discernible para la iglesia en términos de organización y gobierno. Una vez discernido este patrón, podemos distinguir visiblemente entre una iglesia que

---

[38] Romanos 12:4-5; 1 Corintios 10:17; 12:12-30; Efesios 1:22-23; 3:6; 4:4, 12-16; 5:23, 30; Colosenses 1:18, 24; 2:19; 3:15.

Capítulo ocho — 1 Corintios 12:13

lo sigue y una que no lo sigue. Una de nuestras metas principales es hacer que la "iglesia visible" se conforme a este patrón.

Al mismo tiempo, muy pocos insistirían que las listas de miembros de todas las congregaciones que siguen el patrón neotestamentario son el equivalente exacto de todos los cristianos en el mundo hoy en día. (Al decir "cristianos", quiero decir todos aquellos que en verdad son salvos, aquellos que han recibido la "doble cura" de la salvación por medio de Cristo.) Otra importante premisa de la Restauración es que existen cristianos entre las sectas o denominaciones, o sea, entre aquellos grupos eclesiásticos cuya estructura visible no se conforma al patrón neotestamentario. Por otro lado, debería ser obvio que algunos de aquellos nombres que están en las listas de miembros de congregaciones del Nuevo Testamento son hipócritas y apóstatas (ve Mateo 13:47-50). Pero, ¿cuál ser humano puede discernir quiénes de aquellos que están fuera de las iglesias sancionadas (visiblemente) por el Nuevo Testamento son verdaderamente salvos, y quiénes de aquellos que están en ellas no son verdaderamente salvos? Ninguno de nosotros. Sólo Dios puede ver los corazones de los hombres; sólo Dios tiene conocimiento infalible acerca de quiénes están en verdad "en Cristo" o en el cuerpo de Cristo.

Éste es el sentido en que existe una iglesia invisible. La frontera que separa a los salvos de los no salvos es visible sólo a Dios e invisible a nosotros, seres humanos finitos. Cada uno que es salvo es verdaderamente un miembro del cuerpo del cual Cristo es la Cabeza y Salvador (Efesios 5:23), un miembro de la iglesia que Cristo amó y por la cual se dio a sí mismo (Efesios 5:25). Ésta es la única iglesia universal, cuyas fronteras son invisibles para nosotros. Ahora, puesto que el Nuevo Testamento sí revela el gobierno ideal, o la organización dentro de la cual Dios quiere que su pueblo viva y le sirva, debemos decir que muchos de aquellos que pueden ser miembros de la iglesia visible no están obedeciendo la voluntad de Dios mientras permanecen como miembros de organizaciones sectarias no bíblicas o de ninguna iglesia. Pero ésta es una cuestión de santificación incompleta; no niega su salvación mientras no sea un deliberado desafío a la soberanía de

Capítulo ocho — 1 Corintios 12:13

Cristo. Por lo tanto, permanecen en la iglesia invisible aunque no son miembros de una congregación eclesiástica visible, sancionada bíblicamente.[39]

Por ejemplo, una persona puede ser convertida en un contexto metodista o católico y aun así insistir en ser sumergido en Cristo para el perdón de pecados y el don del Espíritu Santo. O un adolescente puede ser convertido en un campamento cristiano y ser sumergido en Cristo antes de hacerse miembro formalmente de una congregación local en particular. Estas personas seguramente están en el "un cuerpo" que está bajo la sangre de Cristo.

Debemos notar que el "un cuerpo" a que se refiere 1 Corintios 12:13 corresponde a la iglesia invisible. Éste es generalmente el caso con todas las referencias a la iglesia como cuerpo de Cristo, por ejemplo: "Y él es la cabeza del cuerpo, que es la iglesia" (Colosenses 1:18). La referencia a un cuerpo (ve Efesios 4:4) muestra aun más claramente que se refiere a la única iglesia universal en lugar de una sola congregación local.

Ahora, todo esto se relaciona a la cuestión del bautismo y la membresía en la iglesia de una manera muy importante. El punto de vista protestante común (sólo fe) es que el bautismo es el medio de entrada en la iglesia visible (como ellos la entienden), pero que no tiene una relación en particular con la membresía en la iglesia invisible. Para ser más específico, el bautismo en el Espíritu Santo, como un evento por separado del bautismo en agua, es el punto en que uno entra la iglesia invisible (y, por lo tanto, es salvo), mientras el bautismo en agua es el punto de entrada en alguna iglesia visible.

Pero, como ya hemos visto, la Biblia no separa el bautismo en el Espíritu Santo del bautismo en agua; existe un solo bautismo. Cuando las Escrituras hablan de ser nosotros bautizados, se refieren al bautismo

---

[39] Deberíamos notar que Dios tiene interés en ambas, la iglesia visible y la invisible. Sólo porque esta última es aquella cuya membresía es indispensable para salvación no quiere decir que la membresía en la primera es un asunto de indiferencia a Dios. Uno no puede ser completamente agradable a Dios hasta que sea miembro tanto del cuerpo invisible de los salvos y la divinamente ordenada iglesia visible. Ésta es una de las presuposiciones indispensables del Movimiento de Restauración.

Capítulo ocho — 1 Corintios 12:13

en agua durante el cual el Espíritu está obrando. Por lo tanto, cuando 1 Corintios 12:13 dice que somos "bautizados en un cuerpo", quiere decir que el bautismo en agua es el momento cuando entramos en la iglesia invisible de Jesucristo, no obstante que nos hagamos miembros o no en este momento de una iglesia visible. No podemos enfatizar suficientemente que el punto de vista bíblico es, por lo tanto, el contrario a lo que se enseña comúnmente en el protestantismo. El Nuevo Testamento nunca presenta al bautismo como simplemente un acto público por el cual uno entra en una congregación local, visible. Siempre es un asunto de salvación y, por lo tanto, la entrada en la iglesia invisible, universal, que es el cuerpo de Cristo. Un buen ejemplo de esto es el eunuco etíope, cuyo bautismo ocurrió en un área desértica y de ninguna manera fue relacionado, ni remotamente, con su membresía en una congregación local (Hechos 8:26-39).

> El bautismo en agua es el momento cuando entramos en la iglesia invisible de Jesucristo.

Por lo tanto, el ser bautizado en el único cuerpo de Cristo significa que aquel que recibe el bautismo bíblico con un corazón creyente y penitente, es parte de la iglesia por la cual Jesús murió, sin importar a cual grupo eclesiástico visible él/ella pertenece en aquel momento.

III. El bautismo y la unidad

El énfasis principal en 1 Corintios 12 es la unidad de todos los cristianos. Existe un solo cuerpo. Esto permanece como verdad, aun cuando nuestras propias debilidades y puntos delicados tienden a dividir a los cristianos los unos de los otros y fragmentar el cuerpo de Cristo en un nivel visible. Esto parece haber sido un problema muy grave en Corinto. Una causa de división fue la clasificación arbitraria de los dones espirituales en los tipos más y menos importantes o prestigiosos. Es en este contexto que Pablo recuerda a ellos y a nosotros que hay un solo cuerpo, y que todos entramos en él de la misma manera; es decir, por un solo Espíritu fuimos todos bautizados en aquel cuerpo.

Capítulo ocho — 1 Corintios 12:13

La base primerísima de unidad de la iglesia es el único Dios mismo, en términos del único Espíritu, el único Señor (el nombre que Pablo usa más para Jesús, o Dios el Hijo) y el único Dios (el término que Pablo más usa para Dios el Padre), como indica 1 Corintios 12:4-6.[40] El énfasis principal es sobre el único Espíritu, quien es la única fuente inmediata de los dones espirituales conferidos a la iglesia (1 Corintios 12:7-11). Aunque los miembros de la iglesia poseen una variedad múltiple de dones, somos lo que somos, no por un logro mayor o menor por nuestros propios esfuerzos, sino por la acción común del mismo Espíritu sobre todos nosotros.

> La énfasis principal en 1 Corintios 12 es la unidad de todos los cristianos.

Pero aun más básico a nuestra unidad que el origen común de nuestros dones es el origen común de nuestra membresía misma en la iglesia. Esto es, la iglesia (el cuerpo) es una porque todos nosotros —cada miembro de ella— entramos por la misma puerta: la acción única del Espíritu Santo en el único bautismo. Por lo tanto, el bautismo mismo es una base de la unidad de todos los cristianos. Aquellos quienes han recibido el mismo bautismo son parte del mismo cuerpo. Esto está de acuerdo con Efesios 4:5, donde el "un bautismo" está en la lista de los factores unificadores de la iglesia. También está de acuerdo con Gálatas 3:27-28, que dice que todos los que han sido bautizados en Cristo son uno en él.

Una de las metas principales del Movimiento de Restauración siempre ha sido el unir a todos aquellos que han recibido este común bautismo por el mismo Espíritu en un cuerpo visible, donde su unidad no es sólo real, sino también manifestada abiertamente ante todo el mundo. Este único cuerpo visible no puede ser menos que la iglesia cuyo patrón está revelado en la enseñanza de los apóstoles. Ésta es la esencia de la "súplica del Movimiento de Restauración".

---

[40] Éste es el paralelo del punto hecho en Efesios 4:3-6.

Capítulo ocho — 1 Corintios 12:13

IV. Resumen

Primera Corintios 12:13 enseña primero que todos los cristianos han sido "bautizados en el Espíritu". Es erróneo separar este bautismo en el Espíritu del bautismo en agua, o relacionarlo exclusivamente con dones milagrosos, o limitarlo al Pentecostés y Cornelio. El bautismo en el Espíritu es parte del mismo evento que el bautismo en agua; su propósito es la salvación; y ha sido experimentado por todo cristiano. Hay UN SOLO bautismo. Cuando leemos en las Escrituras acerca de nuestro "bautismo", no tenemos que intentar decidir si significa bautismo en el Espíritu o bautismo en agua, como si fueran dos eventos por separado. Hay un solo bautismo, cuando fuimos sumergidos en agua para el don del Espíritu.

La segunda cosa enseñada en este pasaje es que el bautismo es la puerta de entrada en la iglesia; todos fuimos "bautizados en un cuerpo". Este único cuerpo es la iglesia; entramos en ella, o nos hicimos miembros de ella, por medio del bautismo. Aunque muchos dicen que esto se refiere sólo a la membresía en la iglesia local o visible, éste no es el caso. El bautismo es cuando entramos en el "un cuerpo" de Cristo, que a veces es llamada la iglesia invisible, el grupo de gente bajo la sangre salvadora de Cristo.

El punto final de este pasaje es que el bautismo es una base importante para la unidad de la iglesia. Lo que hace uno al cuerpo es su relación con el único Dios, especialmente la obra del único Espíritu Santo en el momento de nuestro bautismo. Por lo tanto, la iglesia es una porque todos entramos al único cuerpo de la misma manera, por medio del único bautismo.

GÁLATAS 3:26-27

El siguiente pasaje con información acerca del significado del bautismo es Gálatas 3:26-27, que dice: "Pues todos sois hijos de Dios por la fe en Cristo Jesús; porque todos los que habéis sido bautizados en Cristo, de Cristo estáis revestidos". La clave para entender este pasaje es el concepto del estado de hijos relacionado con el de herederos. Esto está resumido en Gálatas 4:7: "Así que ya no eres esclavo, sino hijo; y si hijo, también heredero de Dios por medio de Cristo".

El punto principal para nuestros propósitos será esto: en el bautismo cristiano se entra en el estado de hijo, lo cual nos califica para heredar las bendiciones de Dios de salvación.[41]

I. Hijos de Dios

Para entender el punto de Gálatas 3:26-27, debemos entender el punto de todo el contexto de Gálatas 3:1—4:7. La idea central aquí es la importancia de Abraham y nuestro papel como hijos de Abraham. Según Pablo, el evangelio mismo fue predicado a Abraham cuando Dios le prometió que por medio de él "serán benditas todas las naciones" (3:8; Génesis 12:3). Eso es, a través de Abraham el contenido pleno del ofrecimiento del evangelio se haría posible para toda familia y nación de la tierra.

---

[41] En este capítulo, las numerosas referencias a las Escrituras, en donde no se nombra el libro de la Biblia, son de Gálatas 3 y 4.

Capítulo nueve — Gálatas 3:26-27

El contenido de este ofrecimiento del evangelio especificado en este pasaje contiene los mismos elementos básicos de la "doble cura" mencionada en varios otros lugares y tratado en más detalle en conexión con Hechos 2:38. El primer elemento es el perdón o la justificación. Así como Abraham fue justificado (contado como justo) por fe, Dios prometió que él "había de justificar por la fe a los gentiles" (3:6, 8). El otro elemento es el don del Espíritu Santo, que Abraham mismo no gozó, pero fue una parte mayor de la bendición que vendría a otros por medio de él. Esto se ve en Gálatas 3:2-5 y 4:6, y especialmente en 3:14, donde "la bendición de Abraham" se iguala a "la promesa del Espíritu".

Estos dones del evangelio se describen como "la bendición de Abraham" (3:14), "las promesas hechas a Abraham (3:16) y especialmente "la herencia" que Abraham pudo dejar a sus herederos (3:18).

Ahora, la cuestión principal que surge en este punto es ésta: ¿Quiénes son los herederos de Abraham? ¿Quién heredará estas bendiciones del evangelio? En otras palabras, ¿a quién se le considera ser un hijo de Abraham?[42] El estado de hijo es la idea crucial. Es esencial tener el estado de hijo, puesto que en la economía del Antiguo Testamento normalmente sólo los hijos podían heredar los bienes de la familia. Mientras vivía algún hijo, las mujeres y los esclavos no recibían herencia alguna. Sólo si no hubiera hijos podían heredar las hijas (Números 27:1-11; 36:1-12), y sólo si no hubiera heredero natural alguno podían ser designados los esclavos para heredar la propiedad (Génesis 15:3). Por lo tanto, para ser un heredero de Abraham, uno tiene que ser un hijo de Abraham. Hasta que seamos hijos, nuestro estado no difiere del aquel de esclavos (4:1-7); no tenemos ningún <u>derecho sobre</u> la herencia.[43]

---

[42] En este contexto no parece haber ninguna diferencia entre un "hijo de Abraham" (3:7) y un "hijo de Dios" (3:26).

[43] Ésta es la única idea que sirve de base a los tres contrastes en el muy malentendido pasaje, Gálatas 3:28. Según la ley judaica, sólo hombres judíos libres podían heredar propiedades. Los griegos o gentiles no podían ser herederos, ni podían los esclavos ni las mujeres (en la mayoría de las circunstancias). La única cosa en juego aquí es quién puede heredar la bendición de Abraham.

Capítulo nueve — Gálatas 3:26-27

Aquí en el tratado Pablo hace el muy inesperado punto de que Abraham tiene sólo un verdadero hijo y heredero, es decir, Jesucristo (3:16). Nota que las promesas fueron dadas a Abraham y a su simiente, singular. No son dadas a muchas simientes, plural, sino sólo la única simiente o hijo, quien es Cristo.

> Abraham tiene sólo un verdadero hijo y heredero, es decir, Jesucristo.

Hablando técnicamente, él es el único, la simiente "a quien fue hecha la promesa" (3:19). Por lo tanto, él es el único verdadero hijo y heredero de Abraham. Los demás de nosotros, seamos judíos o gentiles, esclavos o libres, varones o mujeres, parecemos ser omitidos.

Pero aquí es donde el evangelio, las buenas nuevas, alcanza un mejor grado. Aunque Cristo es el único verdadero hijo y heredero, ¡cualquiera que está "en Cristo Jesús" (3:14), o unido con Cristo, es contado como parte de Cristo mismo y, por lo tanto, como hijo y también heredero! Éste es el punto principal de Gálatas 3:26-29. Por supuesto, Jesús todavía es el único hijo según la carne; nosotros, los demás, somos hijos por adopción (4:5).

Puesto que el ser unido con Cristo es nuestra única esperanza para recibir las bendiciones del evangelio, nuestro interés principal debería ser, entonces, cómo hacerse uno con Cristo. Como ya hemos visto en nuestro estudio de Romanos 6:3-4, y como veremos más adelante, el bautismo marca nuestra entrada en esta unión.

II. Vestidos de Cristo

Antes de tratar el bautismo mismo, debemos explorar el significado de la expresión "vestidos de Cristo" que vemos en Gálatas 3:27: "Porque todos los que habéis sido bautizados en Cristo, de Cristo estáis revestidos". La mera imagen es muy vívida. A Cristo se le compara con una ropa con que nos vestimos y que comenzamos a llevar puesta en nuestro bautismo. Pero, ¿qué indica esta imagen?

Esta misma imagen, o figura retórica, se encuentra en otros lugares en las Escrituras además de éste. Su significado varía según el contexto. A veces parece ser el equivalente de la segunda parte de la doble cura, el "vestirse" con una nueva naturaleza por medio

Capítulo nueve — Gálatas 3:26-27

de la regeneración y una elaboración de esta nueva naturaleza en la santificación. Quitamos el viejo yo pecaminoso (Romanos 6:6) y nos vestimos de uno nuevo y santo (Efesios 4:22-24). En un sentido este "nuevo yo" no es más que Cristo mismo, como Pablo nos exhorta: "Vestíos del Señor Jesucristo" (Romanos 13:14). Dice Pablo de sí mismo: "Y ya no vivo yo, mas vive Cristo en mí" (Gálatas 2:20). El punto es que "nos vestimos de Cristo" cuando estamos viviendo en obediencia a la voluntad de Dios por el poder de Cristo que obra en nosotros y según el ejemplo de su vida.

Otro significado posible de "vestidos de Cristo" se relaciona a la imagen de la primera parte de la doble cura, o sea, la justificación. El versículo clave aquí es Isaías 61:10: "En gran manera me gozaré en Jehová, mi alma se alegrará en mi Dios; porque me vistió con vestiduras de salvación, me rodeó de manto de justicia". En contraste a nuestros "trapos de inmundicia" de nuestras "propias justicias" (Isaías 64:6), Dios nos da el don de su propia justicia para cubrirnos como un manto que nos envuelve completamente. Ésta es la "justicia de Dios" que el Nuevo Testamento hace tema central del evangelio (Romanos 1:16-17; 3:21; 10:3; 2 Corintios 5:21; Filipenses 3:9). Esta "justicia de Dios" es nada menos que la sangre de Cristo, por la cual él satisfizo las justas demandas de la ley de Dios al pagar el castigo por nuestros pecados. Por lo tanto, el estar "vestido de Cristo" en este sentido significa ser cubierto con su sangre como si fuera un "manto de justicia" que cubre todos nuestros pecados.

Ambos aspectos de la salvación están incluidos en el concepto bíblico total de "revestirse de Cristo" o ser "vestido de Cristo". Sin embargo, es dudoso si cualquiera de estos aspectos está específicamente a la vista en Gálatas 3:27. En vista del contexto, es más probable que lo que Pablo quiere dar a entender con esta imagen es sencillamente la unión con Cristo en y de sí mismo. Cuando estamos vestidos de Cristo, estamos identificados con él; estamos en él; en un sentido somos una misma parte de él. Lo que es verdadero de Cristo en un

> Cuando estamos vestidos de Cristo, estamos identificados con él.

Capítulo nueve — Gálatas 3:26-27

sentido se hace verdadero de nosotros también. Lo más importante de esto es que, porque somos uno con Cristo, compartimos su estado de hijo y heredero en cuanto a la bendición de Abraham. En verdad, ésta es la única manera por la cual podemos compartir estas cosas.

Los dos versículos siguientes (3:28-29) confirman este entendimiento. El versículo 28 dice que todos los que son revestidos de Cristo son "uno en [en] Cristo Jesús". La palabra en es la preposición griega en, que también puede ser traducida "con" o "por". En mi opinión, debe ser traducida "con" en Gálatas 3:28, para que se lea: "todos vosotros sois unió con Cristo Jesús". Ésta es la idea que el contexto exige; el punto entero es que hemos sido unidos con Cristo, que somos uno con Cristo. El versículo 29 afirma esta unión en otra manera, al declarar que "sois de Cristo". Después sigue la conclusión a la cual todo el discurso se ha dirigido. Si perteneces a Cristo (estás revestido de él, eres uno con él), "ciertamente linaje de Abraham sois, y herederos según la promesa" (3:29). No importa si eres un gentil o una mujer o un esclavo — ninguno de los cuales podía heredar bienes bajo la ley del Antiguo Testamento. Si estás en Cristo y uno con él, serás tratado como hijo y, por lo tanto, recibirás la herencia también. Esto se resume en 4:7: "Así que ya no eres esclavo, sino hijo; y si hijo, también heredero de Dios por medio de Cristo".

III. La fe, el bautismo y el estado de hijo

Ahora regresamos a la cuestión hecha al final de la sección I. Según este pasaje, ¿cómo se reviste alguien de Cristo, o se une a Cristo y, por lo tanto, comparte su estado de hijo y su herencia? Las dos condiciones especificadas aquí son la fe y el bautismo.

El requisito primordial para compartir la herencia de Abraham es la fe. Éste es uno de los temas principales del libro de Gálatas. Aparentemente las iglesias de Galacia estaban bajo presiones del grupo conocido como judaizantes para incluir la circuncisión en la lista de requisitos para hacerse cristiano. Puesto que la circuncisión era el símbolo principal de toda la ley

> El requisito primordial para compartir la herencia de Abraham es la fe.

Capítulo nueve — Gálatas 3:26-27

mosaica, esto se equivalía a requerir obediencia a la ley como una condición para recibir la gracia salvadora — una contradicción imposible. A través del capítulo tres en especial, Pablo enfatiza el contraste entre el sistema de la ley de salvación, en que uno es salvo por sus obras, y el sistema de gracia, en que uno es salvo por fe. "Esto solo quiero saber de vosotros: ¿Recibisteis el Espíritu por las obras de la ley, o por el oír con fe?" (3:2; ve 3:5). La herencia no se recibe por condiciones legales (y, por lo tanto, por obras), sino por fe en las promesas misericordiosas de Dios (3:14, 18, 22).

Éste es el fondo de la declaración crucial en Gálatas 3:26: "Pues todos sois hijos de Dios por la fe en Cristo Jesús". Aquí, "hijos de Dios" no difiere de "hijos de Abraham" (3:7); la herencia es por medio de Abraham, pero últimamente es de Dios. Lo importante es el estado mismo de hijo, puesto que sólo los hijos pueden ser herederos. ¿Cómo nos hacemos herederos? Por la fe en Cristo Jesús.

Esto es muy apropiado, puesto que la aceptación misma de Abraham para con Dios fue por fe. "Así Abraham creyó a Dios, y le fue contado por justicia" (3:6; ve Génesis 15:6). Eso es, por su fe él fue justificado. Como "el creyente Abraham" (3:9), él es un modelo para cualquiera que quiere ser adoptado en su familia. Sólo cuando imitamos su fe podemos ser sus hijos: "Sabed, por tanto, que los que son de fe, éstos son hijos de Abraham" (3:7). Sólo cuando imitamos su fe podemos ser sus herederos: "De modo que los de la fe son bendecidos con el creyente Abraham" (3:9). Como Abraham, nosotros también somos "justificados por la fe" (3:24).

Sin embargo, no es sólo una cuestión de lo que es apropiado, como si la inclusión en la familia de Abraham fuere meramente una recompensa apta o apropiada para alguien que imita su fe. No podemos olvidar el punto de Pablo que sólo una "simiente", o hijo, es el heredero por derecho de las promesas hechas a Abraham (3:16); y este hijo es Cristo. Una fe como la de Abraham en y por sí misma no nos otorga el estado de hijo, pero sí nos trae a la unión con Cristo, y esto es lo que nos incluye en la familia de Abraham. "Y si vosotros sois de Cristo, ciertamente linaje de Abraham sois, y herederos según

Capítulo nueve — Gálatas 3:26-27

la promesa" (3:29). No debemos olvidar el enfoque cristológico de nuestra fe ni la base cristológica de la herencia misma.

El versículo 26 habla muy claro de que la fe es necesaria por el estado de hijo: somos "hijos de Dios por la fe". Pero el versículo 27 es igualmente claro al decir que el bautismo es la acción que nos une con Cristo y, de esta manera, hace posible nuestro estado de hijos: "Porque todos los que habéis sido bautizados en Cristo, de Cristo estáis revestidos". La expresión bautizados en Cristo es la misma que se encuentra en Romanos 6:3. Al tratar este pasaje vimos cómo la idea de "en Cristo", con la preposición griega eis, se refiere al evento de entrar en unión con Cristo. Según ambos pasajes, Romanos 6:3 y Gálatas 3:27, la acción que lo efectúa es el bautismo: somos bautizados en Cristo.

Gálatas hace esta conexión entre el bautismo y la unión con Cristo aún más enfática al decir que el bautismo en Cristo es equivalente al revestirse de Cristo. Los conceptos están casi igualados. Si han hecho uno, dice Pablo, entonces han hecho el otro. Si han sido bautizados en Cristo, entonces se han revestido de Cristo. Son prácticamente una y la misma cosa.

Los conceptos son casi igualados, pero no enteramente. Más precisamente, se les une en una relación de causa y efecto tan íntima que no podemos separarlos. El ser revestido de Cristo es el resultado necesario, o efecto, de ser bautizado en Cristo. Éste es el punto de la secuencia de las ideas en el versículo.

Vale la pena notar la secuencia de los conceptos por otra razón. Recordemos que el entendimiento protestante común del bautismo es que es un acto que sigue la recepción de la salvación para simbolizar el hecho de que uno ya ha sido hecho uno con Cristo. Pero, si esto fuere cierto, el orden de Gálatas 3:27 tendría que ser invertido: "todos vosotros que sois revestidos de Cristo, después fueron bautizados en Cristo". Pero esto no es lo que dice, porque esto no es la manera en que sucede. Es al contrario, como indica el versículo.

Sin embargo, ¿cómo podemos estar seguros de que este versículo está hablando del bautismo en agua? ¿Podría referirse al

Capítulo nueve — Gálatas 3:26-27

bautismo en el Espíritu Santo, y no de ninguna manera al bautismo en agua? Como vimos en el capítulo anterior, este tipo de distinción no es válida bíblicamente de manera alguna: sólo hay "un bautismo" (Efesios 4:5). Cuando los gálatas que originalmente recibieron la carta de Pablo leyeron esta declaración acerca de su propio bautismo, sólo un evento hubiera estado en sus mentes: su inmersión en agua para el perdón de pecados y para recibir el don del Espíritu Santo.

El versículo 26 habla de ser hechos hijos por la fe; el versículo 27 habla de ser unidos con Cristo por el bautismo. ¿Cómo se relacionan estos conceptos? ¿Son una y la misma cosa, o sólo se ve una secuencia lógica (si no cronológica)? La respuesta es que no son la misma cosa, pero a la vez son tan íntimamente relacionados como causa y efecto que no pueden ser separados; es decir, el estado de hijo en el versículo 26 es el efecto de la unión con Cristo en el versículo 27. El versículo 26 afirma que somos hijos de Dios por la fe, y el versículo 27 explica cómo se logró esto. La clave es la palabra porque (gar, en griego) al principio del versículo 27, que tiene la fuerza de por la razón de que. Somos hijos de Dios por la fe porque hemos sido bautizados en Cristo. La unión con Cristo es la causa, o el requisito previo, al estado de hijo. Y, puesto que se entra en la unión con Cristo en el bautismo, entonces el bautismo también es un requisito previo al estado de hijo.

> Puesto que se entra en la unión con Cristo en el bautismo, entonces el bautismo también es un requisito previo al estado de hijo.

Existe otro significado de esto para el bautismo: lo que sucede en el bautismo es el requisito previo a lo que se dice suceder por la fe. Somos hijos de Dios por la fe, pero no se adquiere este estado de hijo tan pronto que tengamos la fe. Más bien, se adquiere cuando esta fe nos lleva al bautismo que nos une con Cristo. Esto debería servir como una precaución contra el error común de igualar la expresión bíblica "por la fe" con el muy diferente concepto "tan pronto que tengamos fe". Como analogía, el tener el dinero suficiente puede ser un requisito previo necesario para entrar al estadio y ver el partido de fútbol, pero esto no quiere decir que uno verá el partido tan pronto

Capítulo nueve — Gálatas 3:26-27

que tenga el precio de la entrada. Todavía tiene que ir al lugar donde se lleva a cabo el juego. De la misma manera, el tener fe es un requisito previo necesario para ser hijo y, por lo tanto, heredero, pero todavía tenemos que ir al lugar donde se otorga este estado de hijo, que es el bautismo.

Esto no quita mérito de manera alguna al significado de la fe, sino que sencillamente muestra la fuerte unión y afinidad entre la fe y el bautismo, un hecho mostrado en nuestro trato de Marcos 16:16.

Esta afinidad entre la fe y el bautismo es subrayada aun más por el hecho de que una declaración tan fuerte que afirma el significado salvador del bautismo aparece en un contexto donde un sistema de ley (salvación por obras) es contrastado con el sistema de gracia (salvación por la fe en las promesas de Dios). En general en el libro de Gálatas y en el capítulo 3 en especial, Pablo ataca la idea de que un pecador puede ser salvo por las obras de ley—especialmente la ley de Moisés, y especialmente la obra de la circuncisión.[44] Pero en este mismo contexto donde la salvación por obras es condenada, la salvación (específicamente la unión con Cristo) por el bautismo es confirmada. Esto muestra que el bautismo no debe ser considerado una obra, o sea, un acto de obediencia hecho sencillamente porque Dios como Dador de la ley lo ha ordenado. En lugar de esto, es una parte vital del sistema de gracia mismo; es decir, el bautismo mismo es una obra de gracia divina en la cual el lado humano tiene el carácter de fe en lugar de obras.

Un punto final acerca del bautismo es la relación entre ello y la circuncisión. Se le considera comúnmente al bautismo en el Nuevo Testamento como sucesor de la circuncisión del Antiguo Testamento; se le ve como teniendo la misma relación básica al Nuevo Pacto que la circuncisión tenía al Antiguo Pacto. Sin embargo, un momento de reflexión sobre la manera en que se trata la circuncisión aquí en Gálatas, al contrario del trato dado al bautismo, debería disipar la

---

[44] Sobre el contraste entre la ley y la gracia (y, por lo tanto, obras y fe) en Gálatas, ver 2:16, 21; 3:2, 5; 5:4. Acerca de la futilidad de buscar la salvación al guardar la ley, ver 3:10-13; 4:21ss. Tocante a la condenación de la circuncisión como un requisito para la salvación, ver 2:2-5; 5:2-3, 11; 6:12-15.

Capítulo nueve — Gálatas 3:26-27

idea de que sean de manera alguna equivalentes. La circuncisión es rechazada, no porque ha sido reemplazada por el bautismo,[45] sino porque ninguna obra en sí de obediencia humana puede ser un requisito previo para recibir la gracia. La circuncisión es tal obra y, por lo tanto, excluida de las condiciones para recibir la gracia, y es excluida en los términos más duros. El bautismo, por otra parte, es unido con la fe y se habla de él muy naturalmente como lo que nos trae a la unión salvadora con Cristo y, por lo tanto, a los estados mismos de hijo y heredero. Sería difícil imaginar un contraste más pronunciado que éste: la discontinuidad entre la circuncisión y el bautismo es, por lo tanto, muy completo.[46]

IV. Resumen

En este estudio sobre Gálatas 3:26-27, hemos tratado, en primer lugar, el contexto general, que trata con la cuestión de quién puede heredar la bendición de Abraham. ¿Quiénes son los hijos y herederos de Abraham? En realidad, existe un solo hijo verdadero: Jesucristo. Pero las buenas nuevas son que cualquiera que está en Cristo también es contado como hijo y, por lo tanto, heredero de las promesas del evangelio.

También hemos tratado el significado del término "revestidos de Cristo". En algunos contextos se refiere al imitar a Cristo en el vivir santamente, o sea, la santificación. Otro entendimiento es que se refiere a nuestro ser cubiertos con la sangre de Cristo como con un "manto de justicia", o sea, la justificación. Sin embargo, en Gálatas 3:27 parece tener el significado más general de la unión con Cristo como tal. El ser revestido de Cristo significa ser uno con él y, por lo tanto, ser tratado como a él se le trata, es decir, como hijo y heredero.

---

[45] Si la circuncisión hubiera sido reemplazada por el bautismo, esto hubiera sido el contexto lógico para hacer claro ese punto. Hubiera sido el argumento más fuerte contra los judaizantes, aquellos que querían hacer la circuncisión una parte del evangelio. Pero existe un silencio total en Gálatas acerca de esta conexión. No existe tal conexión.

[46] Se tratará más detalladamente la relación entre el bautismo y la circuncisión en conexión con Colosenses 2:12.

Capítulo nueve — Gálatas 3:26-27

Finalmente, hemos tratado cómo la fe y el bautismo están relacionados al ser hijos. Se les especifica aquí como dos condiciones básicas para hacernos uno con Cristo y, así, hijos y herederos con él. El bautismo en sí mismo es el punto específico donde nos hacemos uno con Cristo, o somos revestidos de él. La unión con Cristo sigue lógicamente al bautismo como una condición previa — no al contrario, como muchos piensan. Asimismo, el hacerse hijos de Dios por la fe (3:26) sigue lógicamente el hacerse uno con Cristo en el bautismo (3:27). Lo que ocurre por la fe no ocurre hasta el bautismo. De esta manera, se abrazan el bautismo y la fe juntos en el sistema de la gracia, y el bautismo no es una obra de ley como la circuncisión. Las maneras contrastadas en que se les trata al bautismo y la circuncisión en Gálatas muestran que el bautismo no puede ser el equivalente neotestamentario de la circuncisión.

EFESIOS 5:25-27

Otra referencia al bautismo en las epístolas de Pablo es Efesios 5:26, donde se refiere al "lavamiento del agua por la palabra". Esto está en medio de una declaración más larga acerca de la relación entre Cristo y su iglesia. La declaración completa (5:25-27) sigue:

> Maridos, amad a vuestras mujeres, así como Cristo amó a la iglesia y se entregó a sí mismo por ella, para santificarla, habiéndola purificado en el lavamiento del agua por la palabra, a fin de presentársela a sí mismo, una iglesia gloriosa, que no tuviese mancha ni arruga ni cosa semejante, sino que fuese santa y sin mancha.

Básicamente, este pasaje está hablando acerca de lo que Cristo ha hecho para quitar el pecado de su iglesia, y muestra que el bautismo tiene un papel central en este proceso.

I. Una iglesia santificada

El resultado final de la obra de Cristo es que él puede tener para sí mismo a una iglesia santificada. Se hace este punto en medio de una discusión acerca de la relación ideal entre esposo y esposa. La exhortación principal para la esposa es que ella debería estar sujeta a la dirección del marido (5:22-24). Del punto de vista del esposo, la cosa más importante que él puede hacer es amar a su esposa (5:25, 28-29).

> El resultado final de la obra de Cristo es que él puede tener para sí mismo a una iglesia santificada.

Bautismo: Un estudio bíblico • • • 111

Capítulo diez — Efesios 5:25-27

El modelo para ambos, marido y mujer, es la relación entre Cristo y su iglesia, tanto en su dirección sobre ella como su amor para con ella. Este último es nuestro interés principal aquí. Los esposos deberían amar a sus esposas así como Cristo amó a la iglesia. ¿Cuánto la amó? La amó tanto que hizo el mayor sacrificio posible que el amor puede hacer (Juan 15:13): "se entregó a sí mismo por ella" (5:25). Ésta es una referencia a la muerte salvadora de Cristo, en la cual él tomó nuestro lugar y sufrió la ira de Dios que merecemos. Se refiere a la cruz sobre la cual Cristo en amor se dio a sí mismo en sacrificio propiciatorio, tomando nuestro pecado y su castigo sobre sí mismo.

¿Qué fue el propósito por el cual Cristo "se dio a sí mismo" [LBLA] de esta manera? La respuesta se da en dos maneras. La primera: se dio a sí mismo para la iglesia "para hacerla santa" (5:26). La segunda: se dio a sí mismo "a fin de presentársela a sí mismo, una iglesia gloriosa, que no tuviese mancha ni arruga ni cosa semejante, sino que fuese santa y sin mancha." (5:27). Puede ser que éstas son sólo dos maneras de decir lo mismo, con la segunda declaración como una elaboración de la primera. O puede ser que el primero de estos propósitos, "para hacerla santa", se refiere a la acción santificadora de Cristo como tal, mientras el segundo se refiere al resultado de esta acción, que es el estado de santificación. El anterior sería la causa, y el posterior, el efecto. Cristo se dio a sí mismo para santificar a la iglesia, teniendo en mente la meta de su plena pureza y santidad como su novia y esposa. El versículo 27 hace alusión al cuadro visual de "una esposa ataviada para su marido" (Apocalipsis 21:2) en un vestido de novia tan glorioso y perfecto que "no tiene mancha ni arruga". Este cuadro visual es una analogía, o una figura, de la meta de Cristo para su iglesia, que ella puede estar delante de él en perfecta pureza moral, "santa y sin mancha". En otras palabras, él desea una iglesia santificada.

¿Qué es la santificación, exactamente? Los verbos usados en la Biblia para este concepto significan básicamente "cortar, separar, poner aparte". La palabra santa y términos relacionados son sinónimos por santificado y otros términos semejantes. Los siguientes

Capítulo diez — Efesios 5:25-27

son traducciones equivalentes: verbos, "santificar" y "hacer santo"; sustantivos, "santidad" y "santificación"; más sustantivos, "santo" y "santificado"; y adjetivos, "santo" y "santificado".

El patrón fundamental para hablar de la santidad o santificación humana es la santidad de Dios, quien es santo en dos maneras distintas. Primera, Dios es santo en el sentido de que él es apartado, o distinto, de su creación; es un ser de índole diferente, un ser no creado e infinito. Como Creador, él es aparte de su creación; está por encima de ella. A esto lo llamamos su santidad ontológica. Segunda, Dios es santo en el sentido de que es apartado de todo pecado. No ha pecado y no puede pecar; está totalmente opuesto a todo pecado en toda manera. Existe eterna e inmutablemente en plena pureza moral. A esto le llamamos su santidad moral.

Con referencia a los seres humanos, los términos santidad y santificación se usan para describir un aspecto de nuestra salvación. Se refieren a la segunda parte de la "doble cura", nuestra liberación de la presencia y el poder del pecado en nuestras vidas. Aplicado a nuestra salvación, este concepto parece tener dos sentidos distintos, correspondientes a los dos aspectos de la santidad divina.

Primero, el cristiano es santo (ha sido santificado) en el sentido de que ha sido apartado del mundo como existe actualmente, o sea, "del presente siglo malo" (Gálatas 1:4) que ha sido corrompido por el pecado y está bajo la condenación de Dios. Ya no pertenecemos a aquella creación antigua, sino hemos sido hecho partícipes de la nueva creación (2 Corintios 5:17). Estamos físicamente en el mundo, mas no somos de este mundo (Juan 17:11-16). "...nos ha librado de la potestad de las tinieblas, y trasladado al reino de su amado Hijo" (Colosenses 1:13). A esto se le llama santificación inicial porque ocurre al mismo principio de nuestra vida cristiana como un acto único, cumplido. A esto el verbo aorista en 1 Corintios 6:11 se refiere: "habéis sido santificados", como un acto cumplido en el pasado.

El acto de santificación en Efesios 5:26 debe incluir por lo menos esta santificación inicial.[47] Es un acto de Jesucristo — "para

---

[47] El verbo en Efesios 5:26, "para santificarla", es aorista, y lleva a algunos a creer que se

Capítulo diez — Efesios 5:25-27

que él pueda santificarla". Es un propósito y un resultado directo de su muerte expiatoria; él se dio a sí mismo para que pudiera santificar a la iglesia. Como dice Hebreos 10:10: "En esa voluntad somos santificados mediante la ofrenda del cuerpo de Jesucristo hecha una vez para siempre". Hebreos 13:12 reafirma este punto, al decir que Jesús sufrió en la cruz "para santificar a la gente por medio de su propia sangre" (ve Hebreos 10:29). Porque hemos sido "bautizados en su muerte" (Romanos 6:3), su sangre expiatoria cubre a la iglesia y la aparta del mundo. Por este mismo hecho, a aquellos a quienes la sangre de Cristo ha sido aplicada, ha sido otorgado el estado único de "nación santa, pueblo adquirido por Dios" (1 Pedro 2:9). Ya son "santos" (santificados), no porque son perfectos, sino porque son perdonados por su sangre.

El segundo sentido en que un cristiano es santificado (santo) es que él está apartado del pecado mismo. El deseo de pecar es quitado del corazón; los hábitos pecaminosos son vencidos; los pensamientos y hechos pecaminosos están excluidos de la vida cotidiana. No como en la santificación inicial, esto no ocurre en un mismo instante, sino es un proceso continuo a través del curso de la vida cristiana. Por lo tanto, se le llama santificación progresiva. Quiere decir que uno se hace más y más como Dios en su propia santidad moral: "sino, como aquel que os llamó es santo, sed también vosotros santos en toda vuestra manera de vivir; porque escrito está: Sed santos, porque yo soy santo" (1 Pedro 1:15-16).

> El deseo de pecar es quitado del corazón; los hábitos pecaminosos son vencidos; los pensamientos y hechos pecaminosos están excluidos de la vida cotidiana.

Este aspecto de nuestra santificación se hace posible también por la muerte de Cristo. Como vimos en nuestro trato de Romanos 6:3-4, Cristo murió para destruir el poder del pecado y quitarlo para siempre. Cuando somos bautizados en su muerte, también experimentamos una muerte al pecado, que, junto con nuestra unión con Cristo en su resurrección, implanta en nosotros la misma posibilidad de vencer al pecado en nuestras propias vidas. También,

---

refiere sólo a la salvación inicial. Sin embargo, la manera de hablar en este versículo no requiere esta limitación.

Capítulo diez — Efesios 5:25-27

una vez que él había cumplido su obra de muerte y resurrección, Jesús ganó el derecho de enviar al prometido Espíritu Santo (Hechos 2:33), cuya presencia continua en nuestras vidas provee el poder progresivo para vencer el pecado. Ésta es la "obra santificadora del Espíritu" (1 Pedro 1:2).

Puesto que ambos aspectos de la santificación se basan de esta manera en la muerte de Cristo, es muy probable que Efesios 5:26 incluye a ambos como el propósito por el cual Cristo "se entregó a sí mismo" (Efesios 5:25). Obviamente, el resultado final descrito en el versículo 27 es la última meta de la santificación progresiva. Algunos toman este versículo como una referencia al hecho de que somos justificados por la sangre de Cristo, es decir, que somos vestidos con el "manto de justicia", como vimos con relación a Gálatas 3:27. Es cierto que ésta es la única manera en que podemos ser "santos y sin mancha" ante él hasta que el proceso de la santificación es completo. Pero, aunque esto es suficiente para nuestra salvación, a Cristo no le satisface solo esto, y tampoco debería satisfacernos a nosotros. Él quiere que estemos en realidad santos y sin mancha ante él, completamente separados del pecado en todo aspecto. Aunque esto probablemente no ocurrirá hasta después de nuestra muerte y resurrección[48], y que, sólo entonces por un don especial de Dios, llegará el tiempo en que somos completamente liberados del pecado y plenamente santificados. Cuando la iglesia como novia es presentada al fin a Cristo en la cena de las bodas en el cielo, "a ella se le ha concedido que se vista de lino fino, limpio y resplandeciente; porque el lino fino es las acciones justas de los santos" (Apocalipsis 19:8).

Seguramente, si el deseo de Cristo como un esposo amante es que su esposa sea lo más santa y pura posible, entonces, esto debería ser nuestro más profundo deseo también. Si en verdad amamos al esposo, deberíamos estar haciendo todo que podemos, aun ahora, para deshacernos de toda "mancha y arruga". Si él ha dado su propia vida para conseguirlo, ¿cómo podemos dar menos que nuestros <u>mejores esfuerzos?</u>

---

[48] Los grupos eclesiásticos de la tradición wesleyana usualmente abrazan la doctrina de que la plena santificación es posible y debería ser buscada, aun en esta vida.

Capítulo diez — Efesios 5:25-27

II. Una iglesia purificada

Hasta ahora nos hemos concentrado en la idea de la santificación y hemos hecho caso omiso a la referencia en Efesios 5:26 a la purificación que Cristo hace a la iglesia. Pablo dice que Cristo se entregó a sí mismo por ella "para santificarla, habiéndola purificado". ¿Qué quiere decir esto, y cómo se relaciona con la santificación?

La palabra griega traducida "purificada" significa "limpiar de la suciedad o cualquier impureza, purificar". Esta y otras palabras en la misma familia pueden referirse a la purificación de suciedad física (Mateo 23:25-26), de impureza ritual (Lucas 2:22) y de enfermedad (Marcos 1:40-42). Pero estas palabras pueden referirse y, a menudo así lo hacen, a la purificación espiritual. A veces se refieren a la santificación, la purificación del pecado real descrita en la Sección I. Esto es cierto en muchos pasajes acerca de los "limpios de corazón", por ejemplo: Mateo 5:8; 1 Timoteo 1:5. Ve también 2 Corintios 7:1: ". . . limpiémonos de toda contaminación de carne y de espíritu, perfeccionando la santidad en el temor de Dios". Algunos mantienen que éste es el significado en Efesios 5:26, y que es sinónimo con la santificación.

Pero, a veces cuando este grupo de palabras se refiere a la limpieza espiritual, significa justificación, o limpieza de la culpa del pecado. En particular, esto parece ser cierto en cuanto a las referencias de la purificación con sangre, en donde, en el trasfondo del Antiguo Testamento del uso de la sangre de animales sacrificados en ceremonias de limpieza ritual, fue simbólico del perdón.[49] Ambos están unidos en Hebreos 9:22, que dice: "Y casi todo es purificado, según la ley, con sangre; y sin derramamiento de sangre no se hace remisión" (ve Hebreos 1:3). En mi opinión, esto es lo que significa en Efesios 5:26. No es lo mismo que la santificación, pero es la condición previa necesaria para ella. Porque Cristo ya ha perdonado a su iglesia, o sea, la ha limpiado de su culpa, él puede

> Una iglesia purificada, por lo tanto, es libre para ser una iglesia santificada.

---

[49] Ve la discusión de las ceremonias de lavamiento del Antiguo Testamento en el trato de Hechos 2:38.

Capítulo diez — Efesios 5:25-27

ahora santificarla. Una iglesia purificada, por lo tanto, es libre para ser una iglesia santificada.[50]

La parte más importante de este pasaje, del punto de vista de nuestro estudio actual, es lo que Pablo dice acerca del modo de la purificación de la iglesia. En otros textos, varios elementos se nombran como indispensables para esta purificación. Estos incluyen la fe (Hechos 15:9), la palabra (logos, Juan 15:3) y la sangre de Cristo (1 Juan 1:7). Sin duda, el último de estos, la sangre de Cristo, es la única cosa que provee el poder inherente para nuestra purificación, la única cosa que se aplica directamente a nuestras almas para el lavamiento del pecado. Pero este hecho no hace superfluas ni la fe ni la palabra; cada una tiene que jugar un papel necesario en la aplicación real de la sangre purificadora (ve Romanos 10:13-17). Pero, ¿qué hay de Efesios 5:26? Dice que la iglesia es purificada "en el lavamiento del agua por la palabra". Sea lo que sea, este "lavamiento del agua", también juega un papel necesario en la aplicación de la sangre limpiadora de Cristo al alma culpable.

¿Qué es el "lavamiento del agua"? No cabe duda de que se refiere al bautismo. La palabra griega para "lavamiento" es loutron, que puede significar "lavamiento" o "baño". Se usa para el bautismo en Tito 3:5. Es una forma sustantiva del verbo louo, que también se usa en otros lugares para el bautismo.[51] La idea de que se usa aquí figurativamente para algún baño netamente espiritual es excluida por la referencia al

---

[50] El hecho de que "purificada" es un participio aoristo que modifica "santificar" puede tener algo que ver sobre este punto. Usualmente un participio presente se usa para una acción que ocurre al mismo tiempo que aquella del verbo principal, mientras un participio aoristo significa una acción que ocurre antes que la del verbo principal. Si esta regla es aplicable aquí, y yo creo que sí, entonces la purificación ocurre antes que la santificación y es un acto por separado. La prioridad puede ser más lógica que cronológica, sin embargo, sin un tiempo real que separa a los dos actos. (Algunos mantienen que un participio aoristo no tiene que referirse a una acción precedente a la del verbo principal, sino que puede describir una acción simultánea a aquella del verbo principal.)

[51] Véase la discusión sobre "lavar tus pecados" en el estudio de Hechos 22:16. Vea el artículo completo de Oepke sobre louo, citado previamente en el Capítulo 7, nota al pie 33. Con la excepción de unos pocos usos claramente seculares, dice Oepke, "todos los demás están relacionados a la liberación del pecado, y especialmente al bautismo" (p. 302). Esto incluye Efesios 5:26.

Capítulo diez — Efesios 5:25-27

agua; es el lavamiento "del agua". El único lavamiento del agua en la experiencia cristiana es el bautismo. Es importante notar que se usan artículos definidos tanto con "lavamiento" y con "agua", o sea, "por el lavamiento del agua", el agua específica del bautismo. El hecho de que es un "lavamiento del agua por la palabra" también señala el bautismo, puesto que "la palabra" es un aspecto prominente del bautismo. De hecho, el único lugar en donde se combinan el agua y la palabra en nuestra fe cristiana es en el bautismo.

La palabra griega para "palabra" es rema, que significa específicamente la palabra hablada. Esto podría referirse a la confesión de Cristo que es conectado usualmente con el bautismo (ve Romanos 10:9-10), o el "invocar su nombre", tratado en Hechos 22:16. Más probablemente, se refiere a la palabra hablada por Dios, y no los hombres, específicamente la Gran Comisión (Mateo 28:19), o la palabra de promesa declarada en pasajes como Marcos 16:16 (ve los tratados de estos textos).

III. El bautismo y la iglesia

¿Cuánta importancia tiene el bautismo? Este pasaje muestra que es parte del cimiento de la experiencia salvadora de la iglesia. El versículo 26 presenta esta secuencia de dependencia: la santificación de la iglesia descansa sobre su purificación (o justificación), que, a su vez, descansa sobre el bautismo. La purificación y la santificación son la esencia misma de la salvación, y ellas comienzan en el bautismo.

> La purificación y la santificación son la esencia misma de la salvación, y ellas comienzan en el bautismo.

¿Es justificada por este pasaje una conexión tan fuerte entre el bautismo y la salvación de la iglesia? Lo es si permanecemos fieles al lenguaje en sí. Se propaga comúnmente el punto de vista de que el bautismo sólo demuestra, o ilustra o representa visualmente, la limpieza espiritual atribuida al bautismo, pero que no existe nada en el texto mismo que sugiere tal conexión meramente figurativa. En el texto la palabra griega para "lavamiento" está en el caso dativo y modifica a la palabra "purificación". En este tipo de expresión el

Capítulo diez — Efesios 5:25-27

caso dativo tiene el significado de lo que se llama "dativo de medios". O sea, indica el(los) medio(s) por el(los) cual(es) la acción descrita se lleva a cabo. Para ser muy preciso, el texto dice que la iglesia es purificada por medio del bautismo conectado con la palabra. Cualquiera que no le guste esta manera de hablar debería quejarse con el apóstol Pablo y con el Espíritu Santo, quien le inspiró.

Alguien preguntará: Si somos limpiados por el bautismo, ¿cuál es la necesidad de la sangre de Cristo? ¿Toma el bautismo, de alguna manera, el lugar de la sangre de Cristo? ¡En ninguna manera! Como se dijo en la sección previa, lo único que puede literal y directamente limpiar el corazón del pecador es la sangre de Jesucristo. El agua del bautismo de ninguna manera toca al alma ni lava el alma; que nadie nos acuse de afirmar tal imposibilidad metafísica. No obstante, debemos hacer honor a lo que Pablo dice aquí en Efesios 5:26, que somos limpiados por el bautismo. Lo que debe significar esto es que Dios ha unido de tal manera el acto divino de purificar el alma por la sangre de Cristo con el "lavamiento del agua" (el bautismo), que se habla de este último como si fuera el medio mismo. Por lo menos, debemos decir esto: el bautismo es el medio de limpieza espiritual en el sentido de que es el tiempo divinamente señalado durante el cual se efectúa la purificación. Esta unión de la sangre y el agua como limpieza simultánea interior y exterior, se afirma en Hebreos 10:22, que dice que hemos tenido "purificados los corazones de mala conciencia, y lavados los cuerpos con agua pura" (la conciencia es purificada por la sangre de Cristo — Hebreos 9:14).

¿Qué es lo que une la sangre de Cristo y el agua del bautismo en un solo evento de tal gracia y poder? Ni más ni menos que la palabra de Dios. El lavamiento del agua por medio del cual somos limpiados no es cualquier agua, sino el agua del bautismo, que tiene su eficacia sólo por la preciosa palabra de Dios, la palabra hablada de las promesas de Dios, las cuales todas descansan finalmente sobre la sangre derramada de Cristo. ¿Por qué debería tener el bautismo tanto poder? En sí mismo, no lo tiene; el poder proviene sólo por la designación de Dios. ¡Él así lo ha declarado, y su palabra basta! En

Capítulo diez — Efesios 5:25-27

nuestro bautismo, nuestra fe penetra a través y más allá del agua para asirse de la sangre limpiadora de Cristo. Pero, ¿qué la lleva más allá del agua? ¡La palabra de la promesa! De todos los elementos tangibles del bautismo, éste es el único que tiene algún poder inherente; la fe se envuelve en ello en el bautismo para asirse de la sangre misma. En el lavamiento del agua encontramos la palabra de la promesa, y en la palabra de la promesa encontramos la sangre de Cristo. Lo que Dios ha unido, que no lo separe el hombre.[52]

Debe ser notado que todas las acciones salvadoras en este pasaje son las acciones de Cristo, y no de agente humano alguno. Cristo amó a la iglesia; Cristo se dio a sí mismo por la iglesia; Cristo santificó la iglesia; Cristo purificó la iglesia; Cristo presenta la iglesia a sí mismo en santidad gloriosa. Cualquier actividad salvadora que ocurre en el bautismo no es obra del que bautiza ni del bautizado, sino la obra de Cristo mismo. Como un esposo amante, él hace lo que sea necesario para hacer que su novia, la iglesia, sea íntegra y pura. Si a él le parece apropiado hacer parte de esta obra en el acto del bautismo, es su prerrogativa como cabeza de la iglesia y como Señor de la salvación misma. Como su esposa sumisa, nuestra única opción apropiada es rendirnos a su señorío y permitirle llevar a cabo sus obras de salvación según su voluntad.

> Todas las acciones salvadoras en este pasaje son las acciones de Cristo, y no de agente humano alguno.

No podemos olvidar que lo que Cristo ha hecho por nosotros en el bautismo requirió su sacrificio previo en la cruz. Primero, se dio a sí mismo por la iglesia (5:25) para hacer posible el santificarla y purificarla por el lavamiento del agua (5:26). En vista a esto, debemos preguntarnos constantemente: ¿Qué estamos dispuestos nosotros a hacer ahora para purificarnos del pecado cotidiano?

---

[52] Oepke (en la obra citada en la nota al pie anterior) dice esto: "La limpieza se lleva a cabo a través del baño especificado (artículo doble) por medio de la palabra. La palabra es aquella hablada en el bautismo. Esta palabra lleva a cabo el propósito de la palabra previa de la proclamación. No debe ser pervertida en magia ni disuelta en mero simbolismo. Llega a Dios y Cristo, y de allí proviene su eficacia" (p. 304).

Capítulo diez — Efesios 5:25-27

IV. Resumen

En este estudio de Efesios 5:25-27, hemos visto primero cómo Cristo ha santificado y está santificando a su iglesia. Esto incluye la santificación inicial, en que los pecadores son llamados del mundo y son puestos aparte en una nueva creación en su conversión. También incluye la santificación progresiva, en que los cristianos perseveran en la erradicación del pecado de sus vidas y se hacen más y más santos. La meta de Cristo para la santificación es que él pueda tener a una esposa pura y santa.

También hemos visto cómo esta santificación presupone que Cristo ha purificado a la iglesia. Aunque algunos igualan esto con la santificación misma, más probablemente se refiere a cómo Cristo nos ha justificado, o perdonado, a través de su sangre. Aunque su sangre es el medio verdadero y literal de esta limpieza, el versículo 26 dice que somos purificados por el lavamiento del agua, que es el bautismo. Conectado con este lavamiento es la palabra hablada de Dios, su palabra de la promesa.

Finalmente hemos visto en cierto detalle cómo este pasaje conecta el bautismo muy íntimamente con nuestra salvación de una manera fundamental. Nuestra santificación descansa sobre nuestra purificación, y esta purificación descansa sobre el lavamiento del agua, es decir, el bautismo. Aunque sólo la sangre de Cristo verdaderamente limpia al alma, ha sido tan unida al bautismo por la palabra de Dios que se puede referir al bautismo mismo como si fuera el modo de la limpieza. Es así en el sentido de que es el tiempo divinamente señalado en que el pecador es limpiado por la sangre.

Colosenses 2:11-13

*E*n mi opinión, se puede hacer un buen caso de que Colosenses 2:11-13 es el pasaje neotestamentario más importante acerca del bautismo. Se lee así:

> En él también fuisteis circuncidados con circuncisión no hecha a mano, al echar de vosotros el cuerpo pecaminoso carnal, en la circuncisión de Cristo; sepultados con él en el bautismo, en el cual fuisteis también resucitados con él, mediante la fe en el poder de Dios que le levantó de los muertos. Y a vosotros, estando muertos en pecados y en la incircuncisión de vuestra carne, os dio vida juntamente con él, perdonándoos todos los pecados.

Una razón por la cual este pasaje es tan importante es porque identifica el bautismo más explícitamente como el tiempo específico en que un pecador es sepultado con Cristo y levantado con él. Otra es porque muestra más explícitamente los papeles distintivos de la fe y el bautismo en la recepción de la salvación. También, claramente indica que, en cuanto al bautismo como obra, es una obra de Dios. También nos da la única enseñanza neotestamentaria acerca de cómo relacionar el bautismo y la circuncisión. Finalmente, completa la enseñanza sobre la salvación encontrada en su pasaje paralelo, Efesios 2:1-10.[53] Se tratarán estos puntos ahora en más detalle.

---

[53] Se tratará la naturaleza complementaria de estos dos pasajes en el siguiente capítulo cuando se examina la relación entre el bautismo y la gracia.

Capítulo once — Colosenses 2:11-13

I. Sepultados en el bautismo

El contexto de este pasaje hace eco en varias maneras al de Romanos 6:3-6. El paralelo más explícito es el concepto de ser sepultados con Cristo en el bautismo. Romanos 6:4 dice que "somos sepultados juntamente con él para muerte por el bautismo"; Colosenses 2:12 también habla de que hemos sido "sepultados con él en el bautismo". Los términos son idénticos, excepto que Romanos usa la preposición por (dia, en griego), mientras Colosenses usa en (en, en griego). Otros paralelos son muy evidentes, aunque no tan explícitos.

Por lo tanto, Colosenses, como Romanos, afirma que el bautismo es una sepultura con Cristo. Por la similitud con Romanos, podemos inferir fácilmente que esto significa que el bautismo es una sepultura con Cristo en su muerte. ¿Cuál es el significado de esto? ¿Qué es el resultado de ello? Podríamos concluir que resulta en el perdón de pecados, puesto que la sepultura en la muerte de Cristo nos lleva a un contacto salvador con la sangre justificadora de Jesús. El versículo 13 específicamente relaciona el perdón con este evento, cuando se refiere a Dios "perdonándoos todos los pecados". Este entendimiento del bautismo como el tiempo del perdón ciertamente está de acuerdo con pasajes como Hechos 2:38 y Hechos 22:16.

Pero, como es en el caso de Romanos, el énfasis principal aquí parece estar en la regeneración, o el nuevo nacimiento, en lugar del perdón en sí. De nuevo la idea aquí de una sepultura implica una muerte acompañante, o sea, nuestra propia muerte al pecado que precede nuestra resurrección a novedad de vida. Esta muerte al pecado no es la misma que el estar muerto en los pecados, un concepto mencionado en el versículo 13 y tratado en la Sección II más adelante. Más bien, lo que Romanos llama muerte al pecado (6:11) se describe en el pasaje de Colosenses en la figura de la circuncisión (2:11).

El versículo 11 dice que hemos sido circuncidados en un sentido no físico ("no hecha a mano"), es decir, hemos experimentado una circuncisión espiritual. A ésta se le llama "echar de vosotros el cuerpo pecaminoso carnal". Esto es semejante a la circuncisión física,

Capítulo once — Colosenses 2:11-13

que es la eliminación de un pedazo del cuerpo físico. Pero en la circuncisión espiritual, "el cuerpo pecaminoso carnal" se refiere a nuestra anterior manera de vivir, o nuestra vieja naturaleza pecaminosa, no al cuerpo físico como tal ni a ninguna parte de él. En el bautismo, este anterior aspecto pecaminoso de nuestro ser está circundado; muere y es desechado.

> En el bautismo, este anterior aspecto pecaminoso de nuestro ser está circundado; muere y es desechado.

En esto radica la identificación con Romanos 6, donde el morir con Cristo al pecado significa que "nuestro viejo hombre fue crucificado juntamente con él, para que el cuerpo del pecado sea destruido" (6:6). El "viejo hombre" y el "cuerpo del pecado" en Romanos son lo mismo que el "cuerpo pecaminoso carnal" en Colosenses. En el bautismo, por el poder de la muerte de Cristo con el cual somos unidos de este modo, este viejo yo es muerto y quitado (removido) en un acto espiritual análogo a la circuncisión física, y después dejado sepultado en las aguas del bautismo. (Ve también Colosenses 2:13, que se refiere a la condición del pecador como un estado de "la incircuncisión de vuestra carne".”[54])

Cuando Colosenses 2:12 dice que esto se lleva a cabo "en el bautismo", está afirmando lo que todo el Nuevo Testamento asume y enseña, o sea, que el bautismo es un acto de salvación. No dice que esto ocurre "antes del bautismo" o "después del bautismo", sino, específica y claramente, en el bautismo. Esto demuestra que debemos, por lo menos, afirmar que el bautismo es el tiempo, o la ocasión, durante el cual Dios confiere la salvación al pecador. El hecho de que "sepultados" es un participio aoristo demuestra que éste acto (del bautismo) precede, o por lo menos es simultáneo con, el acto de la circuncisión espiritual en el versículo 11.

Aunque al bautismo se le otorga un alto lugar en el plan de salvación, debemos enfatizar que no toma el lugar de Cristo y su sangre salvadora. De hecho, el enfoque de este pasaje, como las demás

---

[54] Tanto aquí como en el versículo 11, y también en muchos otros pasajes en las epístolas de Pablo, el término carne no se refiere al cuerpo físico, sino al lado pecaminoso de nuestra naturaleza. Tiene una connotación más bien ética, y no metafísica.

Capítulo once — Colosenses 2:11-13

enseñanzas bíblicas sobre el bautismo, es en Jesucristo. El bautismo efectúa esta circuncisión espiritual sólo porque en él somos sepultados con Cristo. Todavía es su poder, el poder de su muerte, que logra este acto salvador. De hecho, el versículo 11 la llama "la circuncisión de Cristo". Esto significa que es una circuncisión llevada a cabo por Cristo y su poder divino, no una circuncisión llevada a cabo en Cristo, como algunos suelen interpretarlo. Más importante, es algo que él hace en nosotros, no algo que hacemos en nosotros mismos.

Podemos notar brevemente aquí, como en Romanos 6, que la descripción de la acción del bautismo como una sepultura simplemente refuerza el hecho de que el bautismo es por inmersión. Aunque es apropiado hacer énfasis en esto de Colosenses 2:12, debemos recordar, sin embargo, que éste no es el punto principal al referirse al bautismo como una sepultura. El punto principal es que el bautismo es una sepultura espiritual en unión con Cristo, por virtud de lo cual nuestro "viejo hombre" recibe un golpe mortal y es dejado en una sepultura cuando somos resucitados con Cristo en una vida nueva. Lo mismo se aplica al bautismo como una resurrección espiritual. No debemos estar tan ansiosos de comprobar la inmersión por medio de este texto que pasemos por alto este nivel más profundo de la actividad divina que se lleva a cabo dentro de nuestras almas, aun mientras nuestros cuerpos son sumergidos en el agua y levantados de ella.

II. Resucitados en el bautismo

Esta referencia al bautismo como una resurrección espiritual nos lleva a nuestro siguiente punto, a saber, que Colosenses 2:12 afirma que el bautismo es el tiempo durante el cual somos "resucitados con él". Esto, también, hace eco de Romanos 6, donde la unión con Cristo incluye la participación en el poder de su resurrección. Ve también Efesios 2:5-6 y Colosenses 3:1, que tienen el mismo lenguaje. De acuerdo con el significado de Romanos 6, esto quiere decir que un nuevo ser, una nueva creación, se levantó de las aguas-sepultura del bautismo, para tomar el lugar del viejo yo que murió en

Capítulo once — Colosenses 2:11-13

el bautismo. De esta manera, el bautismo es tanto una muerte como una resurrección.

Sin embargo, aquí en Colosenses, "resucitados en el bautismo" tiene una connotación que no es explícita en Romanos 6. Existe otro sentido en el cual el bautismo es una resurrección de la muerte, porque existe otro sentido en el cual hemos experimentado la muerte misma. Es que existe otra clase de muerte de la cual somos resucitados en el bautismo. Estas dos clases de muerte deben ser claramente distinguidas.

La primera clase de muerte es la que fue tratada en la Sección I, a saber, la muerte al pecado. Desde esta perspectiva, el viejo ser pecaminoso todavía vive y está sano y en control hasta el bautismo, en el cual es muerto (o es quitado en la circuncisión) y sepultado, y del cual un nuevo ser es levantado para tomar su lugar. La otra clase de muerte es la muerte en el pecado. Desde esta perspectiva, el pecador ya está muerto; ha existido en un estado de muerte espiritual desde el momento en que se hizo pecador. A esto se refiere Colosenses 2:13, al decir "estando muertos en pecados". Como dice Efesios 2:1 dice: "estabais muertos en vuestros delitos y pecados" (ve 2:5).

El estar muerto en el pecado no es sólo estar bajo la pena de muerte, sino, más bien, estar en un estado o condición real de muerte. El alma misma está muerta e infestada con la corrupción espiritual en la

> La voluntad del pecador por sí misma es demasiado débil para vencer el poder del pecado y la tentación.

forma de pensamientos malos, lascivia, celos, envidia, odio y otros pecados. La voluntad del pecador por sí misma es demasiado débil para vencer el poder del pecado y la tentación. Su corazón está endurecido en contra de Dios y cegado a su verdad. Está atrapado en la "debilidad indefensa del pecado" que lo deja sin el poder de agradar a Dios (Romanos 8:7-8).[55] Éste es el sentido en que una persona ya está muerto cuando entra a las aguas del bautismo.

---

[55] Bien se le podría llamar a esta condición un estado de depravación, pero no debería ser confundida con la doctrina de la depravación total. Ve Jack Cottrell, His Truth [Su verdad] (Joplin, MO: College Press, 1989), pp. 42-46.

Capítulo once — Colosenses 2:11-13

Como parte del ofrecimiento del evangelio, Dios promete resucitar al pecador de este estado de muerte espiritual. (Ésta es la otra mitad de la "doble cura" de nuevo.) Promete hacer esto en el bautismo cristiano, específicamente a través del don del Espíritu Santo, cuya obra especial es "dar vida" (ve Juan 6:63; 2 Corintios 3:6). Este aspecto de la salvación es el mismo que el nuevo nacimiento, o la regeneración, pero en este contexto se describe en los términos más contundentes, la resurrección de los muertos. Dos palabras diferentes se usan para reforzar la naturaleza dramática de este acto: "fuisteis también resucitados con él" (Colosenses 2:12), y "os dio vida juntamente con él" (Colosenses 2:13). El pasaje paralelo en Efesios 2:5-6 dice lo mismo: "aun estando nosotros muertos en pecados, [Dios] nos dio vida juntamente con Cristo, . . . y juntamente con él nos resucitó". En verdad nuestro Redentor es un Dios quien "da vida a los muertos" (Romanos 4:17).

Como cristianos, necesitamos reconocer que en un tiempo estuvimos muertos en el pecado, mas hemos experimentado una resurrección literal, aunque espiritual, de los muertos. Dios puede decir de nosotros, como del hijo pródigo: "porque este mi hijo muerto era, y ha revivido" (Lucas 15:24). Hemos "pasado de la muerte a vida" (Juan 5:24). ¿Cómo podemos dudar que ésta es la cosa más significante que jamás nos ha sucedido? ¿Y cuándo dice Pablo que sucede? ¡En el bautismo! "Sepultados con él en el bautismo, en el cual fuisteis también resucitados con él" (Colosenses 2:12). La expresión "en el cual" (griego, en ho) sigue en el texto inmediatamente después de "en el bautismo" (en to baptismati) y, como es un pronombre relativo del mismo género, debe referirse al bautismo.[56]

> La aplicación de la obra salvadora de Cristo al pecador se efectúa en el bautismo.

---

[56] El significado es: "En el bautismo fueron sepultados con él y resucitados con él". Tanto la sepultura como la resurrección son "en el bautismo". Algunos intentan hacer que en ho se refiera a Cristo ("en quien"), pero las consideraciones textuales y gramaticales descartan esto. Para un resumen de los argumentos en contra de este punto de vista, ve Beasley-Murray, Baptism in the New Testament [El bautismo en el Nuevo Testamento], pp. 153-154.

Capítulo once — Colosenses 2:11-13

Así que, de nuevo, vemos que Colosenses 2:12 es probablemente el testimonio neotestamentario más claro y más específico al hecho de que la aplicación de la obra salvadora de Cristo al pecador se efectúa en el bautismo. Somos "resucitados con él" en el bautismo. El bautismo es el tiempo y el lugar cuando los beneficios salvadores de la muerte, sepultura y resurrección mismas de Cristo son aplicados a nosotros.

III. La fe en la obra de Dios

Otro punto muy importante en Colosenses 2:12 es la relación entre el bautismo y la fe en el plan de Dios de salvación. Somos sepultados y resucitados con Cristo en el bautismo como el tiempo y el lugar, pero mediante la fe como el medio. El papel de la fe no es negado por la designación del bautismo como el tiempo de la salvación, ni existe conflicto alguno entre ellos dos. Más bien, se complementan el uno al otro perfectamente. (Ve el trato de este punto en los capítulos sobre Marcos 16:16 y Gálatas 3:26-27.)

Cuando Pablo dice que somos sepultados y resucitados con él mediante la fe, esto demuestra que el simple llevar a cabo un bautismo no es un bautismo verdadero, a menos que el que está siendo bautizado tiene fe en su corazón. No existe un poder mágico en el agua ni en el acto mismo. El bautismo sin la fe es un zambullido fútil en el agua. No hay una sepultura en Cristo que acompaña la sepultura en el agua; no hay una resurrección con Cristo que acompaña el levantamiento del agua. Sin fe el estado espiritual de la persona después del bautismo no difiere del anterior.

Esto tiene dos implicaciones importantes. La primera: la doctrina neotestamentaria del bautismo explicado aquí no debe ser confundida con "la regeneración bautismal" en el sentido clásico de ese término. Hablando estrictamente, la idea de la regeneración bautismal, como la enseñan algunos grupos eclesiásticos (en especial el catolicismo romano tradicional y el anglicanismo), significa que la aplicación apropiada del bautismo automáticamente produce la regeneración, aun en la ausencia de fe por parte del receptor.[57] Esto

---

[57] Ve G. W. Bromiley, "Baptismal Regeneration" [Regeneración bautismal], Evangelical

Capítulo once — Colosenses 2:11-13

sería verídico, en especial, en el caso del bautismo de infantes, como enseñan estos grupos. Pero esta "regeneración bautismal" no es la misma que la que enseña la Biblia de que la regeneración ocurre durante el bautismo, pero sólo cuando la fe está presente también. Es muy engañoso y perjudicial clasificar a esta última como "regeneración bautismal", especialmente cuando este término tiene tantas connotaciones negativas en la mayor parte del protestantismo hoy día.

La segunda implicación de la manera en que la fe y el bautismo están relacionados en Colosenses 2:12 es que el bautismo de infantes queda excluido como un bautismo verdadero. Existen otras razones para ello también, pero aquí se hace patente que sólo aquellos pecadores quienes pueden ejercer verdadera fe en Cristo son sujetos apropiados para el bautismo. Puesto que los infantes no pueden creer, es inútil intentar bautizarlos.[58]

Colosenses 2:12 enseña no sólo la necesidad de la fe para un bautismo válido, sino también describe lo que debe ser el objeto específico de esta fe. Debe ser "fe en el poder de Dios, que le levantó de los muertos". La palabra griega por "poder" es energeia, que significa no sólo poder latente, sino actividad real, o poder activo. Debemos tener fe en el "poder de Dios", es decir, en la realidad de los hechos u obras que Dios ha llevado a cabo y promete hacer para nuestra redención.

Esto significa primeramente que debemos creer en lo que Dios ya ha hecho para nosotros a través de Jesucristo en su muerte y resurrección. Debemos creer que la cruz fue una obra poderosa de Dios en la cual quitó el pecado del mundo por medio de la muerte sustitutiva de su Hijo. Debemos también creer que Dios levantó a Jesús de los muertos para vencer a sus enemigos y asegurar para nosotros la vida eterna. Esta última obra está mencionada específicamente aquí

Dictionary of Theology [Diccionario evangélico de teología], ed. Walter A. Elwell (Grand Rapids: Baker Book House, 1984), p. 119. Sobre este punto de vista, el bautismo es "automáticamente eficaz", dice él.

[58] Los luteranos han intentado evitar esta conclusión al postular la doctrina única de la fe infantil: los infantes sí pueden creer, y Dios les implanta la fe cuando son bautizados.

Capítulo once — Colosenses 2:11-13

en Colosenses 2:12. Debemos creer en el poder de Dios, que le levantó [a Jesús] de los muertos. (Ve Romanos 10:9.)

"Fe en el poder de Dios" también significa que en el bautismo debemos creer en lo que Dios en su palabra promete hacer para nosotros en el mismo momento del bautismo. La obra del bautismo es verdaderamente la obra de Dios. En ella él ha prometido perdonar nuestros pecados (Hechos 2:38; 22:16) y darnos el don del Espíritu Santo (Hechos 2:38-39). Ha prometido hacer morir nuestra vieja naturaleza pecaminosa, quitarla en un tipo de circuncisión espiritual —una circuncisión hecha por Cristo mismo (Colosenses 2:11). En ella, él ha prometido levantarnos de los muertos, revivirnos y darnos nueva vida (Colosenses 2:12).

> La obra del bautismo es verdaderamente la obra de Dios.

Éstas son promesas verdaderamente grandes y maravillosas; pero si las creemos, si en verdad creemos que Dios efectuará estas poderosas obras en nosotros en el bautismo, entonces podemos estar seguros de que él lo hará. Para aquellos de nosotros que ya hemos sido bautizados, podemos estar seguros de que ya lo ha hecho. Si podemos creer que él levantó a Jesús de los muertos, podemos estar igualmente seguros de que nos levanta de los muertos cuando le encontramos en las aguas del bautismo. Es por eso que se encuentra la última parte del versículo 12, a saber, para recordarnos que el Dios quien ha prometido levantarnos de los muertos en el bautismo ya ha demostrado su disposición y poder para hacerlo al levantar a su propio Hijo de los muertos.

Ésta es una gran verdad bíblica (una que muchos, desafortunadamente, han perdido de vista), o sea, que el bautismo en su meollo es "el poder de Dios". Las únicas cosas que contribuimos al bautismo son la fe en este poder prometido, y la oración (la invocación de su nombre) para que Dios efectúe en el bautismo las obras de la salvación según sus promesas. (Ve de nuevo el capítulo sobre Hechos 22:16).

Capítulo once — Colosenses 2:11-13

IV. El bautismo y la circuncisión

Un último punto, que llama nuestra atención en Colosenses 2:11-13, es la relación entre el bautismo y la circuncisión. Por varias razones, muchos cristianos creen que el bautismo es el reemplazo neotestamentario de la circuncisión del Antiguo Testamento. Para algunos, ésta es una creencia incidental, mas para otros es el factor determinante de toda su doctrina sobre el bautismo. Se usa no sólo para comprobar la validez del bautismo infantil, sino también para definir el significado mismo del bautismo. Esto es, si el bautismo simplemente reemplaza la circuncisión, entonces el bautismo debe tener el mismo significado para nosotros hoy en día que la circuncisión tenía para los creyentes del Antiguo Testamento. Puesto que la circuncisión usualmente es interpretada como una señal de membresía para la gente del pacto, se asigna este significado también al bautismo. Al hacer virtualmente caso omiso de todo lo que dice el Nuevo Testamento acerca del bautismo como la obra de Dios de salvación y, al suponer esta relación con la circuncisión, muchos protestantes interpretan al bautismo simplemente como la señal externa que marca al individuo como un miembro de la iglesia.

Es imposible poner demasiado énfasis en el impacto que esta equivalencia de la circuncisión al bautismo ha tenido sobre la doctrina del bautismo en la época moderna.

Uno de los puntos más sobresalientes en conexión con este problema es el hecho de que, fuera de Colosenses 2:11-13, ningún pasaje bíblico hace conexión alguna entre el bautismo y la circuncisión. Con esta única excepción, la supuesta equivalencia de ellos dos es algo que completamente se deduce. Pero, ¿qué hay del pasaje de Colosenses en sí mismo? ¿No basta un solo pasaje para enseñar una verdad doctrinal? Sí, si este único pasaje en verdad enseñara esa verdad. Y, de hecho, frecuentemente de esta manera se cita Colosenses 2:11-13, a saber, como la afirmación de una continuidad en significado entre la circuncisión del Antiguo Testamento y el bautismo del Nuevo Testamento. Pero, ¿en verdad enseña esto? Creo que no, y que esto se puede demostrar fácilmente de la manera siguiente.

Capítulo once — Colosenses 2:11-13

Hay dos categorías distintas de referencias a la circuncisión en el Antiguo Testamento. Por un lado, hay muchas referencias a la circuncisión física como señal del pacto que Dios hizo con Abraham (Génesis 17:10ss) y como la marca continua de membresía de pacto bajo la ley de Moisés (Levítico 12:3). Por otro lado, hay varios pasajes que se refieren a la circuncisión en sentidos figurativos que no tienen ninguna conexión intrínseca con la circuncisión física. Por ejemplo, Moisés se queja de que es "incircunciso de labios" (Éxodo 6:12, 30), queriendo decir que es un orador incompetente y sin poderes de persuasión. El fruto de ciertos árboles es llamado "incircunciso" (Levítico 19:23), queriendo decir que es prohibido, o vetado, como cualquier gentil.

El sentido figurativo más significante en esta segunda categoría es el uso profético de la circuncisión y la incircuncisión para representar ciertos estados espirituales, o condiciones del corazón. Jeremías habla de oídos incircuncisos, hablando de oídos que no oyen la palabra de Dios (Jeremías 6:10). Otros hablan de la condición más básica de un corazón incircunciso, significando un corazón lleno de pecado y rebelión contra Dios, sea judío (Levítico 26:41; Jeremías 9:26) o gentil (Ezequiel 44:7, 9). El Señor exhortó a los pecadores en Israel a circundar sus corazones: "Circuncidad, pues, el prepucio de vuestro corazón, y no endurezcáis más vuestra cerviz" (Deuteronomio 10:16). "Circuncidaos a Jehová, y quitad el prepucio de vuestro corazón" (Jeremías 4:4). En lo que considero una promesa mesiánica, Dios dice: "Y circundará Jehová tu Dios tu corazón, y el corazón de tu descendencia, para que ames a Jehová tu Dios con todo tu corazón y con toda tu alma, a fin de que vivas" (Deuteronomio 30:6).

Ahora, el punto importante que debemos notar es éste: no existe una conexión intrínseca entre la circuncisión física y el estado de circuncisión espiritual del cual hablan los profetas. La anterior no fue dada para representar la posterior, y la posterior no estuvo necesariamente presente en todos que tenían la anterior. De hecho, la relación entre ellas es casual e incidental. La circuncisión física como señal del pacto era un hecho de la vida en Israel y, como tal, servía como una

Capítulo once — Colosenses 2:11-13

ilustración conveniente y ubicua, o analogía para lo que los profetas querían comunicar acerca del estado del corazón. Excepto por esta relación de una analogía incidental, ambas clases de circuncisión son independientes y sin conexión.

¿Cómo se relaciona esto al bautismo y a la enseñanza de Pablo en Colosenses 2:11-13? De esta manera: la única circuncisión del Antiguo Testamento con la cual el bautismo tiene relación alguna es la circuncisión espiritual de la cual hablaron los profetas. Colosenses 2:11 habla de una circuncisión de este tipo, un cambio en la condición espiritual interior. En tiempos del Antiguo Testamento esta clase de cambio estaba limitada a lo que podía hacer el individuo por sí mismo; por lo tanto, se les exhortaba a los israelitas a circuncidar sus propios corazones. Pero, según la profecía (Deuteronomio 30:6), llegaría el tiempo en que Dios mismo circuncidaría los corazones de los creyentes penitentes.

> Llegaría el tiempo en que Dios mismo circuncidaría los corazones de los creyentes penitentes.

Yo creo que esto se refiere al don de la nueva era del Espíritu Santo, el mismo que efectúa verdadera regeneración en el corazón del pecador. Ésta es la "circuncisión no hecha a mano" de la cual habla Colosenses 2:11.

El punto importante es que no hay ninguna referencia a la circuncisión física en Colosenses 2:11-13. Está presente sólo en el mismo sentido en que estaba en las referencias proféticas, a saber, como una analogía de trasfondo. Pablo no está haciendo afirmación alguna acerca de una relación entre el bautismo y la señal del pacto de Abraham de la circuncisión. Su única referencia es a la circuncisión interior, espiritual, del corazón.[59]

¿Cómo se relaciona esta circuncisión espiritual al bautismo? Pablo dice que este maravilloso "poder de Dios", esta "circuncisión de Cristo" regeneradora y vivificante, ocurre en el bautismo. Es irónico que un pasaje que enseña tan clara y fuertemente un punto de vista tan convincente, fuere usado muy a menudo en un esfuerzo para establecer

---

[59] Otros referencias neotestamentarias a esta circuncisión espiritual incluyen Hechos 7:51; Romanos 2:25-29; Filipenses 3:3. Ve Efesios 2:11; Colosenses 2:13.

Capítulo once — Colosenses 2:11-13

un punto de vista opuesto.⁶⁰ Quizás es un asunto de oídos incircuncisos (Jeremías 6:10).

De esta manera, podemos concluir que el intento de equivaler el bautismo a la circuncisión, basado en Colosenses 2:11-13, es un uso erróneo del pasaje. La equivalencia pretendida no tiene fundamento.

> Esta "circuncisión de Cristo" regeneradora y vivificante, *ocurre en el bautismo*.

V. Resumen

En este capítulo hemos visto que Colosenses 2:11-13 hace estos puntos: Primero, el bautismo es el tiempo cuando somos sepultados con Cristo en su muerte para efectuar la muerte de nuestra naturaleza pecaminosa, un evento llamado circuncisión espiritual, que prepara el camino para nuestra resurrección a una vida nueva. Segundo, el bautismo es el tiempo cuando esta resurrección a una vida nueva ocurre. Esta resurrección tiene dos sentidos: somos levantados después de haber muerto al pecado, y somos levantados del estado de muerte en el pecado. Tercero, aunque ocurren en el bautismo, esta sepultura y resurrección con Cristo se llevan a cabo mediante la fe, así excluyendo la regeneración bautismal y el bautismo infantil. Último, la única circuncisión conectada con el bautismo es la circuncisión espiritual del corazón, que ocurre en el bautismo. No existe ninguna relación intrínseca entre la circuncisión física y el bautismo.

---

⁶⁰ El argumento se presenta de esta manera: Aquí en Colosenses Pablo equivale el bautismo a la circuncisión del Antiguo Testamento; la circuncisión del Antiguo Testamento fue la señal de pertenecer al pacto; por lo tanto, el bautismo es la señal de pertenecer al pacto—y nada más.

12

Tito 3:5

Se podría esperar que, después de examinar diez pasajes neotestamentarias acerca del bautismo en algún detalle, encontraríamos pocas cosas nuevas en los últimos pasajes. Hasta cierto punto, es cierto. No obstante, es importante estudiar todos los textos que tratan con el significado del bautismo para que podamos ser impresionados con la consistencia de la enseñanza neotestamentaria acerca de este tema.

Seguramente, esto se aplica a Tito 3:5. No hay mucha novedad aquí en cuanto a sustancia, aunque algunos detalles de expresión son diferentes de los que hemos encontrado hasta ahora. Por lo tanto, en muchas maneras este capítulo simplemente confirmará la conclusión de los anteriores, especialmente sobre el tema de cómo se relaciona el bautismo al Espíritu Santo y la regeneración. Un tema que ha recibido poca atención hasta ahora, y que será explicado aquí, es la relación entre el bautismo y la gracia.

Citemos el texto que estamos considerando ahora, junto con la oración completa en que aparece (Tito 3:4-7):

> Pero cuando se manifestó la bondad de Dios nuestro Salvador, y su amor para con los hombres, nos salvó, no por obras de justicia que nosotros hubiéramos hecho, sino por su misericordia, por el lavamiento de la regeneración y por la renovación en el Espíritu Santo, el cual derramó en nosotros abundantemente por Jesucristo nuestro Salvador, para que

Capítulo doce — Tito 3:5

justificados por su gracia, viniésemos a ser herederos conforme a la esperanza de la vida eterna.

I. El bautismo y la salvación

El tema principal de este pasaje es la salvación. Tanto el Padre (v. 4) como el Hijo (v.6) son designados como "nuestro Salvador". El versículo 4 parece referirse especialmente a la encarnación de Cristo y, por inferencia, a su obra salvadora general de expiación y resurrección. Por otro lado, los versículos 5-7 parecen referirse a la aplicación de esta salvación a los individuos. Éste es el punto principal del pasaje, a saber, cómo Dios salva al pecador individual.

El verbo clave está en el versículo 5, "nos salvó". Éste está en el tiempo aorista, que quiere decir que se refiere a una sola acción completada en el pasado. Por cierto, existen aspectos presentes y futuros de la salvación que aún no han sido completamente logrados. No obstante, en cierto punto específico en el pasado de cada individuo cristiano, hubo un único acto de Dios, el efecto del cual era para salvarnos. Podemos decir de nosotros mismos que hemos sido salvos (Efesios 2:5, 8).

> En cierto punto específico en el pasado de cada individuo cristiano, hubo un único acto de Dios, el efecto del cual era para salvarnos.

El contenido de esta salvación es en esencia la "doble cura" del perdón y la regeneración. El versículo 7 menciona el anterior ("justificados"), mas no da más explicación. El énfasis principal recae sobre la regeneración (también llamada renovación) en el versículo 5. De nuevo, esto se refiere al cambio interior que Dios efectúa en nuestros corazones cuando nos sometemos a él en fe y arrepentimiento. Es el equivalente al nuevo nacimiento de Juan 3:3-5, la muerte y resurrección con Cristo de Romanos 6:3-5, la circuncisión espiritual de Colosenses 2:11 y la resurrección y vivificación de Colosenses 2:12-13.

Los dos términos usados en Tito 3:5 para el concepto de la regeneración no se han usado en ninguno de los pasajes estudiados hasta ahora. El primero de ellos es la palabra griega palingenesia. De todos los términos equivalentes que representan este concepto, éste es

Capítulo doce — Tito 3:5

el único que se traduce "regeneración". Se usa en el Nuevo Testamento sólo aquí y en Mateo 19:28, donde se refiere a la renovación escatológica del universo entero, los "cielos nuevos y tierra nueva". Sólo aquí en Tito 3:5 se refiere a la regeneración salvadora del individuo.

El término es una combinación de dos palabras griegas: palin, que significa "otra vez" ("re-"), y genesis, que significa "principio", o "nacimiento". Por lo tanto, significa un comienzo nuevo, un nacimiento nuevo, un renacimiento. Su equivalencia al "nacer de nuevo" de Juan 3:3 es obvia. En la literatura griega secular, a veces se usa en el sentido de "regresar de la muerte a vida",[61] que muestra su similitud a la resurrección, o vivificación de Romanos 6:3ss y Colosenses 2:12-23. Aquí en Tito 3:5 incluye principalmente la idea del "logro de una vida nueva con el fin de la vida antigua", y también la idea de una renovación moral.[62]

El segundo término, sinónimo al primero, es anakainosis. Significa "renovación", y proviene de la forma verbal que significa "renovar, hacer nuevo". Se basa en la palabra kainos, que significa algo nuevo y distinto de lo normal, algo nuevo y mejor en comparación con lo antiguo.[63] Algunos piensan que este término se difiere de la regeneración, en que esta última se refiere a un evento instantáneo de nuevo nacimiento, mientras el anterior se refiere a un proceso progresivo de renovación. Aunque es cierto que "renovación" a veces representa tal proceso (ve 2 Corintios 4:16; Colosenses 3:10), aquí en Tito 3:5 se refiere al único acto pasado, también llamado regeneración.

El punto principal sugerido por ambos términos es que Dios nos salvó en el punto cuando nos regeneró y renovó, cuando causó que naciéramos de nuevo a una vida nueva, que es verdaderamente mejor que la antigua.

---

[61] Friedrich Buechsel, "givnomai, etc.", Theological Dictionary of the New Testament [Diccionario teológico del Nuevo Testamento], ed. Gerhard Kittel, tr. Geoffrey W. Bromiley (Grand Rapids: Eerdmans, 1964), I:686.

[62] Ibid., p. 688.

[63] Johannes Behm, "kainovō, etc.", Theological Dictionary of the New Testament [Diccionario teológico del Nuevo Testamento], ed. Gerhard Kittel, tr. Geoffrey W. Bromiley (Grand Rapids: Eerdmans, 1965), III:447.

Capítulo doce — Tito 3:5

¿Exactamente, cuál fue este punto en el tiempo cuando ocurrió esta salvación? Ni más ni menos que el evento llamado el lavamiento (griego, loutron). Pablo dice que Dios nos salvó por el lavamiento que trae regeneración y renovación. A la luz de otros usos neotestamentarios de la palabra loutron y su forma verbal, louo, sería irrazonable negar que ésta es una referencia al bautismo. En la opinión de Oepke, con tres excepciones, todos los usos del verbo "son relacionados a la liberación del pecado y, especialmente, al bautismo". El sustantivo (loutron) "se usa sólo para esto".[64] "Todos los pasajes relevantes demuestran que, en cuanto concierne a la terminología teológica", todo aquí relacionado al lavamiento en Tito 3:5 (la salvación, la regeneración, el Espíritu Santo) está relacionado al bautismo en otros pasajes neotestamentarios. Dice Beasley: "Considerando todo, se requiere una verdadera audacia del espíritu para rechazar el peso de esta evidencia".[65]

En este pasaje el bautismo está conectado a la salvación por un término muy fuerte: "nos salvó ... por el lavamiento". La palabra griega para por es dia, que con el caso genitivo (como aquí) significa "por, a través de, por medio de", y puede referirse a la causa, o instrumento, por la cual se lleva a cabo algo, o el tiempo u ocasión cuando se efectúa.[66] Éste es el mismo término usado en Romanos 6:4, que dice que fuimos sepultados con Cristo por el bautismo para muerte (la suya y la nuestra). Otras expresiones contundentes que hemos ya examinado son Juan 3:5, que dice que nacimos de nuevo del (griego, ek) agua; Efesios 5:26, que dice que Cristo purificó a la iglesia por el lavamiento del agua (dativo de modo); y Colosenses 2:12, que dice que fuimos sepultados y levantados con Cristo en (griego, en) el bautismo. Por lo menos, tales expresiones como éstas y la que están

---

[64] Oepke, "louvw, etc.", p. 302. Las tres excepciones se refieren al lavamiento secular: Hechos 9:37; 16:33; 2 Pedro 2:22.

[65] Beasley-Murray, Baptism in the New Testament [El bautismo en el Nuevo Testamento], p. 210.

[66] Para un trato más amplio del término, ve Albrecht Oepke, "diav", Theological Dictionary of the New Testament [Diccionario teológico del Nuevo Testamento], II:65-70. En Tito 3:5, Oepke dice que tiene el significado del genitivo de causa o instrumento: "por medio de, con, a través de" (pp. 66-67).

Capítulo doce — Tito 3:5

Tito 3:5 debe estar afirmando que el bautismo es el tiempo durante el cual Dios nos ha salvado.

Este pasaje en sí justificaría el más enfático concepto causal, pero éste queda excluido porque (como hemos ya notado) ni el agua ni al acto físico del bautismo puede causar literalmente los dramáticos cambios espirituales que ocurren en el bautismo, y porque las Escrituras especifican que las causas reales de estos cambios son la sangre de Cristo y el Espíritu Santo (ve el siguiente párrafo). Pero no hay ninguna razón por que Dios no podría designar el acto de bautismo como el tiempo durante el cual él promete obrar esos cambios salvadores por medio de estas causas divinas. Y, según la abundante evidencia del Nuevo Testamento, así lo ha hecho.

Este pasaje aclara que la fuente verdadera, o causa, de nuestra salvación es la plena Trinidad. En el versículo 4 "Dios nuestro Salvador" se refiere a Dios el Padre. "Pero cuando se manifestó la bondad de Dios . . ., y su amor" se refiere al envío de Dios el Hijo, "Jesucristo nuestro Salvador", quien envió a Dios el Espíritu Santo (v. 6). La énfasis principal del pasaje está en la obra específica del Espíritu, quien es la fuente del poder que efectúa la regeneración, o renovación, que se lleva a cabo en el bautismo (v. 5),[67] un punto ya visto en conexión con Juan 3:5; Hechos 2:38; 1 Corintios 12:13. Esto debería hacer patente que no podemos atribuir el poder del bautismo al agua, ni al acto mismo ni a cosa alguna en el que bautiza o en el que es bautizado. El poder que trae la regeneración y la renovación es del Espíritu Santo solo, quien actúa en el bautismo por designación divina.

> No podemos atribuir el poder del bautismo al agua. El poder que trae la regeneración y la renovación es del Espíritu Santo solo.

El versículo 6 dice que Dios "derramó" el Espíritu Santo en nosotros abundantemente por Jesucristo. La palabra griega por "derramó" es ekcheo (se pronuncia ek-QUE-o), que también se usa en Hechos 2:17-18 y 2:33 para el derramamiento inicial del Espíritu

---

[67] Deberíamos notar que la sintaxis, o ritmo, del pasaje no es "el LAVAMIENTO DE LA REGENERACIÓN (y) la RENOVACIÓN EN EL ESPÍRITU SANTO", sino "EL LAVAMIENTO — de la REGENERACIÓN por la RENOVACIÓN — en el ESPÍRITU SANTO".

en el día de Pentecostés. En este día, Dios prometió dar el Espíritu a cualquiera que se arrepintiera y fuera bautizado en el nombre de Jesús. A saber, prometió un derramamiento individual que puede ser gustado por cualquiera que lo recibe. Tito 3:5-6 se refiere a este derramamiento del Espíritu en el individuo en el momento del bautismo. En otras palabras, el bautismo es el Pentecostés personal del individuo.[68]

II. El bautismo y la gracia

Ahora volvemos al tema muy importante de la relación entre el bautismo y la gracia. Una de las más fuertes objeciones que muchos protestantes tienen en contra del entendimiento del bautismo reflejado en este libro es su convicción sincera de que ese punto de vista contradice la enseñanza bíblica sobre la salvación por sola gracia. Correctamente ponen énfasis en la gran verdad enseñada en Efesios 2:8-9: "Porque por gracia sois salvos por medio de la fe; y esto no de vosotros, pues es don de Dios; no por obras, para que nadie se gloríe". Y, puesto que ellos están firmemente convencidos de que el bautismo, como obediencia a un mandato, debe estar en la categoría de obras, resisten resueltamente cualquier esfuerzo de identificarlo como el tiempo en que Dios nos salva.

Sin embargo, debemos insistir en que esta supuesta contradicción entre el bautismo para salvación y la salvación por gracia existe sólo en las mentes de los hombres, y no en la mente de Dios. Sin duda alguna, la Biblia enseña muy claramente que somos salvos por gracia sola. Pero al mismo tiempo, como hemos visto, cada pasaje bíblico que dice algo acerca del bautismo, lo representa en algún modo con el tiempo cuando Dios otorga su gracia salvadora al pecador. Esto es supremamente cierto de Tito 3:4-7, como veremos ahora más detalladamente.

---

[68] Besaley-Murray dice: "El efecto total de los versículos 5-6 es la representación del bautismo como la contrapartida en la experiencia del individuo al envío del Espíritu en el Pentecostés. El bautismo es la ocasión cuando el Espíritu obra como creador en el creyente" (Baptism in the New Testament [El bautismo en el Nuevo Testamento], p. 211).

Capítulo doce — Tito 3:5

Según la Biblia, existen dos maneras separadas y distintas en que una persona podría intentar ser salva. Podemos llamarlas el camino de la ley y el camino de la gracia (ve Rom. 6:14). Bajo el camino de la ley, la persona intenta ser salva por medio de sus propias obras, o sea, por sus actos de obediencia a los mandamientos de Dios en su papel como Señor y Dador de la ley. Bajo el camino de la gracia, la persona intenta ser salva por medio de su fe en las obras de Dios, es decir, por su aceptación confiada en y sumisa a las promesas de Dios en su papel de Redentor y Salvador.

También, según las Escrituras, este último camino, y solo él, puede salvar al pecador. Es imposible que un pecador sea salvo por el camino de la ley. Esto es porque, una vez cometido un pecado, nada de lo que pueda hacer el pecador puede recompensar ese pecado, aun si pudiere vivir una vida perfecta después de cometer ese único pecado — algo que en sí mismo se convierte en una imposibilidad virtual para el pecador. Por lo tanto, cualquiera que espera ser salvo debe dejar de intentar ser salvo por la ley o por obras y debe confiar en la gracia sola de Dios. Esto no significa, sin embargo, que debería hacer caso omiso de la ley de Dios (sus mandamientos) y dejar de hacer buenas obras (o sea, obedecer los mandamientos). De hecho, las obras hechas en obediencia a la ley o los mandamientos son una parte íntegra de la vida cristiana. La ley todavía es normativa para nuestra santificación, aunque no para nuestra justificación y, por lo tanto, nuestra salvación asegurada.

> Es imposible que un pecador sea salvo por el camino de la ley.

¿Dónde encaja el bautismo en todo esto? La típica respuesta protestante es que el bautismo es parte de la esfera de la ley, una obra hecha en obediencia a un mandamiento. Así, debería llevarse a cabo como una "buena obra" de la vida cristiana, como un paso en el proceso de la santificación. Pero (y así se dice), el ser bautizado para ser salvo es abandonar la gracia e intentar ser salvo por medio de obras de la ley. Sin embargo, el meollo del asunto es éste: la Biblia nunca trata el bautismo como una obra de la ley, o un simple acto de obediencia en respuesta a un mandamiento. Cuando la distinción es relevante

Capítulo doce — Tito 3:5

al contexto, la Biblia siempre excluye el bautismo de la categoría de la ley (obras, mandamientos) y lo incluye en la categoría de la gracia (fe, promesas). Como hemos visto, Mateo 28:18-20 distingue el bautismo de la categoría de obediencia a todos los mandamientos de Cristo, es decir, de la categoría de la ley. En Marcos 16:16 y Hechos 2:38-39, está claro que el bautismo es en esencia una promesa—otro concepto de la gracia. En Romanos 6:3-4 y Gálatas 3:26-27, el bautismo es presentado como un acto salvador en medio de una discusión del contraste ley-gracia, donde la idea de que uno puede ser salvo por las obras de la ley (tales como la circuncisión) está rechazada con vehemencia.

En ningún lugar es más evidente la gracia-naturaleza del bautismo que aquí en Tito 3:4-7. El contraste entre la ley y la gracia como medios de salvación es explícito. Somos salvos no "por obras de justicia que nosotros hubiéramos hecho, sino por su misericordia,... . justificados por su gracia". Las "obras de justicia que nosotros hubiéramos hecho" son las buenas obras de la vida cristiana, aceptables a Dios en sí mismas pero incapaces de procurar la salvación. La única manera en que podemos ser salvos es por su misericordia y su gracia. Ahora, se debe observar cuidadosamente lo siguiente. El bautismo está distinguido claramente de la categoría de hechos, de obras, en un contraste marcadamente disyuntivo: no sobre la base de obras, sino por el lavamiento de la regeneración y por la renovación. También, la referencia al lavamiento está colocada cómodamente entre la misericordia y la gracia como una parte natural e integral del paquete completo. Por lo tanto, este pasaje explícitamente enseña lo que es implícito a través del Nuevo Testamento, que el lavamiento bautismal no es "obras" en manera alguna, sino es verdaderamente un asunto de gracia.

> El bautismo está distinguido claramente de la categoría de hechos en un contraste marcadamente disyuntivo.

No es estrictamente verídico el decir que el bautismo no es de manera alguna una "obra". Más correctamente, no es una obra humana, sino una obra divina, una "obra de Dios"—un hecho que enfatiza aún más su esencia como una gracia, puesto que el camino-gracia de la salvación es desde principio a fin un asunto de las obras de Dios, y no las nuestras. Martín Lutero, quien mejor que nadie ha defendido el punto de vista neotestamentario del significado del bautismo, a menudo fue acusado por sus oponentes de ser inconsistente sobre este punto. Decían: ¿Cómo puede enseñar este punto de vista acerca del bautismo y, al mismo tiempo, enseñar la salvación por gracia por medio de la fe? ¿No es el bautismo una obra, y no son inútiles las obras para la salvación? La respuesta clásica de Lutero era ésta: "Sí; es verdad que nuestras obras son inútiles para la salvación. Sin embargo, el bautismo no es nuestra obra, sino de Dios". Y las obras de Dios tienen poder salvador y son "necesarias para la salvación".[69]

Si algo enseña el Nuevo Testamento acerca del bautismo, es que es una obra de Dios. Prácticamente clama a voces este punto, que debería ser muy obvio a cualquiera que ha seguido la discusión de este libro hasta ahora. Como hemos notado, las únicas obras que hace la persona que es bautizada son creer y orar. En todo lo demás, la persona está completamente pasiva. Aun en el acto físico, se le permite a alguien más bajarla al agua y levantarla de ella. Especialmente por el lado espiritual del bautismo, simplemente clama a Dios a llevar a cabo las obras que ha prometido, y luego confía en que él lo hará. ¿Qué son estas obras? Son la unión con Cristo, especialmente en su muerte y resurrección; la unión con toda la Trinidad; el perdón, o lavamiento, de los pecados; una conciencia limpia (ve el siguiente capítulo); la muerte al pecado; la sepultura de la vieja naturaleza y la resurrección a vida nueva; el don del Espíritu Santo; la regeneración, la renovación, el nuevo nacimiento; la santificación; la unión con el cuerpo de Cristo; y, en resumen, la salvación. Éstas son la obras que la Biblia dice son efectuadas para nosotros en el bautismo. Claramente son obras de salvación y obras que sólo Dios mismo, no el hombre, puede efectuar.

Es trágico que la mayor parte del protestantismo se ha permitido a sí misma ser seducida a pensar y hablar sobre el bautismo como casi

---

[69] Martín Lutero, "The Large Catechism" [El catecismo grande], en The Book of Concord [El libro de concordia], ed. y trad. Theodore G. Tappert (Philadelphia: Fortress Press, 1959), p. 441.

Capítulo doce — Tito 3:5

sólo algo que el hombre mismo efectúa. Las siguientes maneras de referirse al bautismo hoy día son típicas, no sólo como descripciones, sino como expresiones de su significado y esencia mismos: en el bautismo el individuo da una respuesta, hace un compromiso, expresa su fe, testifica de su fe, anuncia su fe, confirma su salvación, demuestra su discipulado o hace una promesa solemne de vivir la vida cristiana. ¿Qué tienen en común estas acciones? Por un lado, son todas acciones humanas, cosas que nosotros hacemos. Más significativamente, la Biblia nunca habla, ni una sola vez, acerca del bautismo en tales términos. ¿Por qué no? Porque en la Biblia el bautismo no es considerado algo que nosotros hacemos, sino algo que Dios hace. En verdad, es "el poder de Dios" (Colosenses 2:12).

Ningún pasaje demuestra este punto mejor que Tito 3:5. El pensamiento central aquí es de algo que Dios ha hecho: "nos salvó". En conexión con esto, dos palabras tienen una fuerza enfática, a saber, "no" y "nosotros". En el texto griego la palabra "no" es la primera palabra en el versículo, que significa que debe ser enfatizada en especial. También en el texto griego, la palabra "nosotros" usualmente se entiende por medio de la forma del verbo, pero aquí se añade el pronombre mismo — algo que sólo se hace por énfasis. Por lo tanto, para discernir el énfasis apropiado, debería leerse así: "Nos salvó, NO sobre la base de hechos que NOSOTROS hemos llevado a cabo". Entonces, ¿cómo? ¡Por el bautismo! ¿Cómo es esto? ¡Porque aquí es donde Dios el Espíritu Santo efectúa SU obra de regeneración y renovación! No podría ser más obvio que el bautismo así es la obra de Dios y no del hombre y, por lo tanto, una obra de la más pura gracia.

> El bautismo es la obra de Dios y no del hombre y, por lo tanto, una obra de la más pura gracia.

Para aquellos que todavía quieren regresar a Efesios 2:8-10, que parece resumir todo el cuadro de la salvación sin mencionar el bautismo, ahora regresamos a un punto mencionado en el capítulo anterior, mas no desarrollado allí. Estoy hablando del significado del paralelo entre el contenido de Efesios 2:1-11 y Colosenses 2:11-13. Deberíamos recordar que estas dos epístolas de Pablo son dos de sus

Capítulo doce — Tito 3:5

"epístolas desde la prisión", escritas casi al mismo tiempo cuando estuvo en prisión en Roma. En gran parte cubren los mismos temas, aunque ninguna de las dos cartas tiene todos los detalles contenidos en la otra. Como los evangelios, se completan la una a la otra; tienen que ser leídas juntas para ver el cuadro completo.

En estos dos pasajes, específicamente, el tema es el mismo, es decir, cómo un pecador muerto espiritualmente se convierte en un cristiano vivo. La tabla que sigue muestra la identidad de los temas y las expresiones que contienen los pasajes.

	Efesios 2 (versículos)	Colosenses 2 (versículos)
1. El estado de perdición del pecador		
(a) Muerto en los pecados	1, 5	13
(b) Espiritualmente incircunciso	11	13
2. El estado de salvación del cristiano		
(a) Vivificado con Cristo	5	13
(b) Resucitado con Cristo	6	12
(c) Sentado arriba con Cristo	6	(3:1-3)
(d) Espiritualmente circunciso	11	11, 13
3. Cómo se hace la transición		
(a) Por la obra de Dios	10	12
(b) Por gracia	8	
(c) Por medio de la fe	8	12
(d) En el bautismo		12

El paralelo es obvio y muy notable. ¡También notable es el hecho de que la única cosa NO mencionada en Colosenses, pero sí en Efesios, es la gracia; y la única cosa NO mencionada en Efesios, pero sí en Colosenses, es el bautismo! Ahora, sólo porque no se menciona la gracia específicamente en Colosenses, ¿se atrevería alguien a sugerir que la gracia no pertenece al camino de salvación descrito allí? Seguramente, la respuesta es no. Todos entenderíamos, especialmente en vista a la naturaleza paralela de los pasajes, que la gracia es simplemente un detalle que Pablo no vio la necesidad de incluir en Colosenses, sin duda porque está enfatizado claramente

Capítulo doce — Tito 3:5

en otros lugares. Lo mismo se aplica al bautismo con relación al pasaje de Efesios. Aunque no está mencionado específicamente, en vista al paralelo, no podemos negar que es perfectamente consistente con lo que sí se nombra allí. Al combinar los pensamientos de Efesios 2:8-10 y Colosenses 2:12, encontramos este "plan de salvación" bíblico, orientado a la gracia: POR GRACIA (como la base de la salvación); POR MEDIO DE LA FE (como el medio); EN EL BAUTISMO (como el tiempo); PARA BUENAS OBRAS (como el resultado).[70]

Si nos permitiéremos oír verdaderamente lo que dice la Biblia en realidad acerca del significado del bautismo, no podríamos resistir la siguiente conclusión: no existe nada más consistente con la salvación por gracia que la salvación en el bautismo.

III. Resumen

En este capítulo hemos visto primeramente cómo el tema principal de Tito 3:4-7 es la salvación del individuo. El contenido de esta salvación es la doble cura, con un énfasis especial dado a la regeneración. El tiempo de la regeneración es el bautismo, y el poder que la logra es el Espíritu Santo.

El otro punto tratado en este capítulo es la relación entre el bautismo y la gracia. El decir que somos salvos por (o en) el bautismo no es una contradicción a la gracia, puesto que la Biblia nunca incluye el bautismo en la categoría de "buenas obras", u obediencia a los mandamientos de la ley. De hecho, el bautismo no es una obra humana, sino una obra de Dios mismo. Por lo tanto, no nos sorprende que la Biblia incluya consistentemente el bautismo dentro de la esfera de la gracia.

> El decir que somos salvos por (o en) el bautismo no es una contradicción a la gracia

---

[70] Ve una explicación más completa de esto en mi libro, His Truth [Su verdad], cap. 10, "La verdad acerca de la conversión: respuesta del hombre".

13

1 Pedro 3:21

El último pasaje del Nuevo Testamento que reflexiona sobre el significado del bautismo es 1 Pedro 3:21: "El bautismo que corresponde a esto ahora nos salva (no quitando las inmundicias de la carne, sino como la aspiración de una buena conciencia hacia Dios) por la resurrección de Jesucristo". Ésta es la única declaración de las epístolas de Pedro (comparada con seis de las de Pablo), aunque Hechos 2:38 es una cita del sermón de Pedro en el Pentecostés.

Es muy apropiado que éste fuera el último pasaje tratado en esta serie de estudios, puesto que resume todo que se ha dicho hasta ahora. Es especialmente claro sobre el tema central de este libro, a saber, el significado salvador del bautismo.

I. El bautismo salva

Aparte de Marcos 16:16, ésta es la declaración más clara e inequívoca en el Nuevo Testamento acerca de la relación entre el bautismo y la salvación. En palabras claras sencillamente dice: "El bautismo ahora nos salva". Esta afirmación se hace después de unos comentarios sobre Noé y el arca. Tocante al arca, Pedro dice: "en la cual pocas personas, es decir, ocho, fueron salvadas por agua" (1 Pedro 3:20). En alguna manera esta agua, o esta salvación por agua, es un tipo, o analogía, del hecho de que el bautismo salva a la gente en la era neotestamentaria.

Capítulo trece — 1 Pedro 3:21

La referencia a un tipo o analogía indica que existe una conexión figurativa aquí en alguna parte. La Biblia dice: "El bautismo que corresponde a esto ahora nos salva". Al leerlo descuidadamente, algunos han interpretado que esto significar que el bautismo en sí es una figura o símbolo que representa alguna otra realidad. Al seguir la teología prevaleciente del día, concluyen que el bautismo así simboliza el momento de salvación que ya ha ocurrido. Pero esto es lo opuesto de lo que dice Pedro. Las dos cosas comparadas son el diluvio de Noé y el bautismo, y la relación entre ellos es de tipo y antitipo. Como tal, el diluvio es el tipo, o figura, precedente, y el bautismo es la realidad que señala. Por lo tanto, el bautismo no es el símbolo, sino la realidad misma, y esta realidad es el hecho de que el bautismo salva.

Aunque la naturaleza de la realidad es suficientemente clara, exactamente cómo funciona el diluvio como un tipo del bautismo es más difícil de discernir. El versículo 20 dice literalmente que ocho personas fueron salvadas por (griego, dia) agua. Existe desacuerdo sobre si "por" (dia) significa "por medio de" o "al pasar por". En el caso anterior el agua es el instrumento de salvación en el sentido de que mantuvo a flote el arca; en el caso posterior, el agua es el elemento del cual la familia de Noé es salvada. Algunos piensan que Pedro tenia en mente los dos significados (por lo tanto, la sencilla traducción literal "por agua").[71] Sin embargo, más probablemente, él quiere decir el uso instrumental, puesto que éste corresponde más apropiadamente al bautismo. Si no estamos acostumbrados a pensar en el agua del diluvio como un instrumento de salvación, estamos menos preparados para pensar en el agua del bautismo como algo "por el cual debemos pasar con seguridad".

> La familia de Noé fue salvada por el agua del diluvio, y esto es una figura previa al hecho de que "el bautismo ahora nos salva".

Sea cual sea la conexión precisa, permanece claro este hecho: en algún sentido la familia de Noé fue salvada por el agua del diluvio, y esto es una figura previa al hecho de que "el bautismo ahora nos salva". Se usa el tiempo presente porque

---

[71] Murray J. Harris, "Appendix", [Apéndice], p. 1177.

Capítulo trece — 1 Pedro 3:21

Pedro se refiere a "ahora", en este siglo presente, comparado con "en otro tiempo", en los días del diluvio de Noé. El agua que alguna vez salvó a Noé y su familia fue el agua del diluvio, pero el agua que nos salva ahora en nuestros tiempos es el agua del bautismo.

II. Una petición Dios

Dejando atrás la conexión con el diluvio, ahora nos enfocamos en la cuestión más importante de cómo nos salva el bautismo. La respuesta final es que nos salva por medio del divino poder de la resurrección de Cristo, como veremos más adelante en la Sección IV. Pero, antes de hacer ese punto, Pedro comenta sobre cómo se puede decir que el bautismo nos salva desde el punto de vista de lo que nosotros mismos hacemos en el acto del bautismo. ¿Qué hay de nuestra propia participación en el bautismo que ayuda a hacerlo un instrumento, o canal, de salvación?

La respuesta se da en forma de un contraste: no esto, sino lo otro. El bautismo nos salva, no porque quita "la suciedad de la carne", sino "como una petición a Dios de una buena conciencia" [LBLA]. La parte negativa del contraste se refiere a la función externa del agua como un medio de quitar la suciedad del cuerpo. (El término carne aquí se refiere al cuerpo físico, como en 3:18 y 4:1-2.) Aunque el agua es un agente efectivo para limpiar el cuerpo, esto no es cómo salva el bautismo. Más bien, salva en cuanto es una apelación de una buena conciencia hacia Dios. Ésta es una referencia al lado espiritual del bautismo, en contraste con el lado físico. El aspecto espiritual del bautismo es lo que salva, no la manera en que limpia el cuerpo, sino en la manera en que limpia la conciencia.

Sin embargo, debemos tener cuidado de no sacar la conclusión falsa de que el aspecto exterior del bautismo, o la inmersión real en el agua, no es importante. Aunque no nos salva por medio de su elemento físico, todavía es el bautismo que salva. Esto no puede ser limitado a un supuesto bautismo espiritual que no involucra el agua, puesto que existe un solo bautismo en nuestra experiencia cristiana

Capítulo trece — 1 Pedro 3:21

(Efesios 4:5).[72] Aparte de esto, el agua es prominente en el texto de 1 Pedro 3:21. El hecho de que el bautismo involucra agua es lo que lo une al diluvio desde un principio.

> Existe más en el bautismo que el simple acto de la inmersión.

Lo que muestra este texto es que existe más en el bautismo que el simple acto de la inmersión. Junto con ello son los elementos y actos espirituales que lo acompañan; estos también son parte del bautismo y son lo que le da su poder salvador. Uno de estos elementos salvadores es la "apelación de una buena conciencia hacia Dios". La palabra clave aquí es petición [LBLA], que es la traducción de la palabra griega eperotema (se pronuncia ep-e-RO-te-ma).

Desafortunadamente, la palabra eperotema no es fácil de traducir, y no ocurre en ningún otro lugar del Nuevo Testamento para poder hacer comparaciones con su uso en 1 Pedro 3:21. Se defienden varias traducciones (en realidad, interpretaciones) muy diferentes entre sí. Algunos dicen que debería ser la "promesa solemne de una buena conciencia", o el compromiso solemne de tener una buena conciencia delante de Dios. Ésta es la traducción usada en la Nueva Versión Internacional. Lutero usó una palabra similar, Bund (que significa pacto, o promesa solemne), en su Nuevo Testamento en alemán. Éste es la opinión de Lenski.[73] Otro punto de vista es que eperotema significa respuesta o contestación, o sea, el bautismo es cómo una buena conciencia responde a Dios. Una última opinión es que la palabra básicamente significa una apelación hacia Dios para o por medio de una buena conciencia. Unas variaciones de esto son petición y pedirle (La Biblia de las Américas y Dios Habla Hoy).

Con tantas variaciones sugeridas, es difícil ser dogmáticos en nuestra traducción de la palabra, pero mi firme convicción es que este último punto de vista es el correcto: el bautismo nos salva como "una apelación de una buena conciencia hacia Dios". La primera

---

[72] Ve la discusión de esto en el capítulo 8 sobre 1 Corintios 12:13.

[73] R. C. H. Lenski, The Interpretation of the Epistles of St. Peter, St. John and St. Jude [La interpretación de las epístolas de San Pedro, San Juan y San Judas] (Minneapolis: Augsburg, 1966), pp. 170-173.

Capítulo trece — 1 Pedro 3:21

razón para esta opción es el hecho de que el significado común de las formas verbales de esta palabra es "pedir, preguntar, solicitar", tanto dentro del Nuevo Testamento como fuera de él.[74] No existe una buena razón para desviar de este significado para la forma sustantiva, mientras encaja en el contexto de 1 Pedro 3:21.

De hecho, la segunda razón para adoptar este significado de la palabra es que sí encaja en el contexto, especialmente la conexión del bautismo con la salvación. Debemos recordar que sea lo que sea eperotema, es un aspecto del mismo bautismo, y especialmente un aspecto del bautismo que lo permite ser un acto salvador. Por lo tanto, el contenido de la palabra tiene que ser consistente con el hecho de que la salvación es por gracia, que es por la obra de Dios, y no la nuestra. El significado que encontramos en eperotema no debe transformar el bautismo en una obra que llevamos a cabo nosotros, sino debe mantener su carácter como una obra salvadora de Dios mismo.

En mi opinión, esto excluye completamente la idea de una promesa solemne o voto (como en la NVI). En primer lugar, no hay indicio de tal idea asociada con el bautismo en algún otro lugar del Nuevo Testamento. Pero, más importantemente, es inconsistente con la salvación por gracia. Significaría que el bautismo nos salva por su carácter como promesa solemne de mantener una buena conciencia hacia Dios, porque en él estamos tomando un voto de vivir una vida de obediencia a los mandatos de Dios. Pero tal promesa solemne es eminentemente un acto humano y, más importantemente, un acto autosuficiente y autoclimático. Es decir, como acto, está completo en sí mismo y no, por su mera naturaleza, señala más allá de sí mismo a las obras de Dios. Esto quiere decir que un acto, u obra, humano llegaría a ser el elemento central del bautismo. Y, porque este pasaje conecta el bautismo con la salvación, haría que la esencia salvadora

---

[74] Heinrich Greven, "evrwtavw, etc.", Theological Dictionary of the New Testament [El diccionario teológico del Nuevo Testamento], II:685-687; G. T. D. Angel, "La oración [la sección sobre evrwtavw]", The New International Dictionary of New Testament Theology [El diccionario nuevo internacional de la teología del Nuevo Testamento], ed. Colin Brown (Grand Rapids: Zondervan, 1976), II:879-880.

Capítulo trece — 1 Pedro 3:21

del bautismo residiere en algo que nosotros hacemos en lugar de algo que Dios hace. Mas esto estaría en contradicción con la gracia; por lo tanto, rechazamos este punto de vista que el bautismo salva porque es la promesa solemne, o voto, del participante.

Por otra parte, la idea de que el bautismo es la respuesta del pecador al ofrecimiento de Dios de salvación es consistente con la salvación por gracia. Como tal, sería comparable a un mendigo que extiende su mano para recibir una dádiva ofrecida. No existe nada contraria a la gracia en tal gesto. A este punto de vista, sin embargo, le falta una base lexicográfica firme.

Lo mismo se puede decir de la opinión de Lenski de que eperotema es el ofrecimiento de Dios de una buena conciencia que será dada en el bautismo. Esto está eminentemente consistente con la salvación por gracia, que es el punto que Lenski tiene tanta preocupación en mantener; pero este significado no está justificado por los léxicos. Lenski compensa por esto al hacer del ofrecimiento una pregunta; es decir: "Dios le plantea al hombre la pregunta de que si quiere tener una buena conciencia, y recibe la respuesta en el 'sí' creyente del que acepta el bautismo".[75] El problema con esto es que está "pregunta", u ofrecimiento, no se da en el bautismo mismo, sino en el evangelio proclamado antes del bautismo. En este escenario el bautismo, al final, resulta ser una vez más la respuesta a la pregunta, en lugar de ser la pregunta misma.

En el análisis final, el significado, justificado tanto por los léxicos y por su consistencia con los requisitos textuales, es el del bautismo como una apelación, u oración, hacia Dios para una buena conciencia. (En este entendimiento, la frase "hacia Dios" o "a Dios" [en griego, eis theon] va con "petición", y no con "conciencia". No es "una buena conciencia hacia Dios", sino "una apelación hacia Dios", como sugiere el orden de las palabras en el griego. Una apelación es una clase de pregunta, en el sentido de una petición. Greeven dice que este significado puede ser visto en el verbo en Mateo 16:1, y que

---

[75] Lenski, Interpretation of the Epistles of St. Peter [Interpretación de las Epístolas de San Pedro], p. 172. Está citando a Schlatter, pero no da datos bibliográficos.

Capítulo trece — 1 Pedro 3:21

la forma sustantiva en 1 Pedro 3:21 puede ser traducida "oración".[76] Por lo tanto, el bautismo es una oración a Dios para una buena conciencia. Aunque esta oración es algo hecho por el participante humano en el bautismo, es consistente con la salvación por gracia porque, por su naturaleza misma, señala más allá de sí mismo a Dios, y simplemente subraya la obra divina que es el corazón y la esencia del bautismo. La persona que se somete al bautismo está, por este mismo acto, invocando a Dios a hacer lo que él ha prometido hacer en ese momento. El bautismo salva porque es la oración del corazón humano clamando a Dios para limpieza espiritual por su gracia. Desde el punto de vista del participante humano, esto es todo lo que puede ser, pero es suficiente. Dios mismo efectúa el resto.

> El bautismo es una *oración* a Dios para una buena conciencia.

Esto lleva a la tercera y última razón por que petición es el significado preferido de eperotema en 1 Pedro 3:21, a saber, porque esta idea es equivalente a la "invocación de su nombre" en Hechos 22:16. Como vimos en el estudio de este pasaje, en conexión con su bautismo, el pecador Saulo fue exhortado a invocar el nombre del Señor para salvación. Eso es exactamente el punto de 1 Pedro 3:21. El bautismo nos salva, no porque es algo que nosotros mismos estamos haciendo, sino sólo porque es una oración que invoca el nombre del único que tiene el poder de salvar, nuestro Señor Jesucristo.

III. Una buena conciencia

Según el apóstol Pedro, en el bautismo estamos orando específicamente por "una buena conciencia". ¿Qué significa esto? Puesto que es algo por lo cual estamos orando, debe ser un don otorgado por Dios a nosotros y recibido en el bautismo.[77] ¿En qué sentido nos da Dios una buena conciencia?

Una persona puede tener una buena conciencia con respecto a ambos aspectos de la doble cura de la salvación. Primero, puede

---

[76] Greeven, "evrwtavw", etc., p. 688.

[77] Así que, la "buena conciencia" en este versículo no es algo que estamos prometiendo solemnemente mantener, ni es lo que nos motiva a ser bautizados.

Capítulo trece — 1 Pedro 3:21

tener una conciencia limpia porque hace lo Dios le manda hacer y porque mantiene una vida santa y pura ante Dios. Dios nos da una conciencia limpia en el bautismo en este sentido en que así nos regenera y renueva por medio del Espíritu Santo, así haciendo posible que venzamos el pecado y que seamos santos. Pero esto es más la posibilidad de una buena conciencia que la buena conciencia misma. Segundo, una persona puede tener una conciencia limpia porque se le han perdonado sus pecados y porque su culpa y, por lo tanto, su condenación han sido quitadas (Romanos 8:1) y ya no lleva la carga del remordimiento de su conciencia o sentimientos de culpa. Dios nos da una conciencia limpia en el bautismo en este sentido en que él así aplica la sangre de Cristo a nuestras almas culpables y nos da perdón, o remisión de pecados.

> Dios nos da una conciencia limpia en el bautismo en este sentido en que él así aplica la sangre de Cristo a nuestras almas culpables

Aunque ambas ideas pueden ser incluidas, el énfasis principal en 1 Pedro 3:21 recae probablemente sobre este último. El contraste es entre el lavamiento exterior del cuerpo, que no salva, y la limpieza interior de la conciencia, que sí salva. Una limpieza tan completa es efectuada por el don de perdón por medio de la sangre de Cristo. Esto está indicado por un pasaje que es un paralelo de 1 Pedro 3:21 en algunas maneras, a saber, Hebreos 10:22: "Acerquémonos con corazón sincero, en plena certidumbre de fe, purificados los corazones de mala conciencia, y lavados los cuerpos con agua pura". Sin duda esto se refiere al bautismo en sus aspectos exteriores e interiores. La idea de que el corazón esté purificado de una mala conciencia es una referencia a la práctica del Antiguo Testamento de rociar la sangre de animales sacrificados con el propósito de limpieza ceremonial temporal (Hebreos 9:13). El cumplimiento neotestamentario es el aspecto espiritual del bautismo, en que la sangre de Cristo es aplicada al corazón para limpiar la conciencia. Como dice Hebreos 9:14: "¿Cuánto más la sangre de Cristo, el cual mediante el Espíritu eterno se ofreció a sí mismo sin mancha a Dios, limpiará vuestras conciencias de obras muertas para que sirváis al Dios vivo?" Esto es lo que Dios promete hacer en el bautismo, y, al entrarnos en sus aguas, reclamamos esta promesa al apelar que él haga su obra. Por lo tanto, mientras el cuerpo está siendo lavado con agua, Dios limpia el corazón de su culpa por la sangre de Cristo; y salimos de las aguas del bautismo con una conciencia limpia.

Greeven lo resume al decir: "Por lo tanto, la petición para una buena conciencia... se interpreta como una oración para la remisión de pecados".[78]

IV. Por la resurrección de Jesucristo

Hasta ahora, la pregunta de cómo nos salva el bautismo ha sido contestada sólo en parte, y la parte menor, por cierto. La pregunta ha sido cómo el bautismo, como un acto humano, posiblemente puede tener una fuerza salvadora sin violar el principio de la gracia. La respuesta es que, aun como un acto humano, se enfoca plenamente sobre la acción divina en el bautismo y muestra que la esencia del bautismo no es algo que hacemos nosotros, sino lo que hace Dios. El poder que salva en el bautismo no es el poder de decisión o acto humano alguno, sino el poder que viene sólo de Dios.

Ahora se puede preguntar: ¿De cuál acción divina específica viene el poder salvador del bautismo? La respuesta es: "Por la resurrección de Jesucristo, quien habiendo subido al cielo está a la diestra de Dios; y a él están sujetos ángeles, autoridades y potestades" (1 Pedro 3:21-22). Con esto no se minimiza el poder de su sangre de manera alguna (ve v. 18). Simplemente reconoce el hecho de que, en el análisis final, todo lo demás, aun la muerte expiatoria de Cristo, depende de su conquista triunfante de la muerte y su reino eterno como el Señor viviente sobre todos sus enemigos. Por lo tanto, aun "el bautismo... ahora nos salva... por la resurrección de Jesucristo".

Pero, ¿cómo, exactamente, da la resurrección de Cristo al bautismo su poder salvador? Por un lado, da validez a las afirmaciones extraordinarias que Cristo hizo y también a la obra que ya había efectuado. Aun la aplicación de su sangre expiatoria en su intercesión

---
[78] Greeven, "evrwtavw", etc., p. 688.

Capítulo trece — 1 Pedro 3:21

continua por causa de nosotros depende del hecho que fue levantado de los muertos y sentado a la diestra de Dios. En este sentido él fue "resucitado para nuestra justificación" (Romanos 4:25). Así que, cuando apelamos al nuestro Señor a que nos dé una buena conciencia en el bautismo, podemos tener la confianza de que él vive y oye nuestra petición y puede contestarnos.

La otra manera en que la resurrección de Cristo da al bautismo su poder salvador, y probablemente la principal, es que establece la autoridad de Cristo sobre todas las cosas. Éste es el énfasis en el contexto, especialmente en el versículo 22. Después de la resurrección, Jesús fue sentado a la diestra de Dios, indicando su participación en el pleno poder y autoridad del Padre. Como resultado, todos los ángeles y autoridades y poderes están sujetos a él. Fue después de la resurrección que Jesús reclamó esta plena autoridad: "Toda potestad me es dada en el cielo y en la tierra" (Mateo 28:18). La casa de Israel crucificó a Jesús; pero, al levantarlo de entre los muertos y exaltarlo a su propia diestra, "Dios le ha hecho Señor y Cristo" (Hechos 2:32-36). Siendo así exaltado, Jesús ahora tiene la autoridad de dar dones al hombre. Como dice Efesios 4:8: "Subiendo a lo alto, llevó cautiva la cautividad, y dio dones a los hombres". Estos dones incluyen el don de perdón de pecados y, por lo tanto, una buena conciencia, y el don del Espíritu Santo. Él nos ofrece estos en el bautismo cristiano, y es así cómo el bautismo nos salva por medio de su resurrección.

V. Resumen

En este capítulo hemos hecho cuatro puntos. Primero, hemos visto que 1 Pedro 3:21 declara inequívocamente que el bautismo salva. Segundo, desde el punto de vista del participante humano, salva en cuanto es una petición hacia Dios para que él haga lo que ha prometido hacer para nuestra salvación. Tercero, nuestra petición en el bautismo es específicamente para una buena conciencia, que viene a través del don de perdón de pecados. Último, el poder salvador definitivo

> El poder salvador definitivo del bautismo se deriva de la resurrección de Cristo

Capítulo trece — 1 Pedro 3:21

del bautismo se deriva de la resurrección de Cristo, quien como resucitado y reinante Señor, tiene la autoridad de distribuir los dones de salvación como a él le place. Y, como lo muestra este pasaje, él escoge hacerlo en el bautismo cristiano.

Conclusión

Reconocemos que el enfoque sobre el significado del bautismo presentado aquí es muy diferente al que profesa la mayoría de los protestantes, pero sinceramente sostenemos que es el parecer del Nuevo Testamento mismo y que el contenido de los textos mismos no puede ser interpretado de otra forma. Hemos estudiado un total de doce textos por separado, en detalle, con referencias a varios otros a lo largo del estudio. Lo extraordinario de esto no sólo es el hecho de que ellos sí presentan al bautismo como el tiempo que Dios ha señalado para otorgar inicialmente la salvación a pecadores creyentes y penitentes, sino también el hecho de que están unánimes en hacerlo. No es una inferencia obscura que tiene que ser forzado laboriosamente de los márgenes de algunos cuantos textos, sino ¡es el tema central de todos ellos! Y, al mismo tiempo, ningún otro significado emerge para servir en algún papel, aunque fuere secundario, y mucho menos para retar la idea principal de que el bautismo es para salvación.

Creo que nadie puede estudiar estos textos objetivamente y luego negar que éste es el significado del bautismo, sin desarrollar una conciencia perturbada. Y, como el bautismo en sí es una petición hacia Dios para una buena conciencia, presento este libro como una apelación a mis amigos y hermanos para que tengan una conciencia limpia acerca del bautismo. Se puede hacer, si estamos dispuestos a escuchar la voz de las Escrituras y juzgar nuestras tradiciones sólo por medio de sus palabras claras y nítidas.

> Creo que nadie puede estudiar estos textos objetivamente y luego negar que éste es el significado del bautismo

Pero muchos seguramente responderán que el otro punto de vista sobre el bautismo (que es el "signo y sello" de salvación previamente recibida) ha prevalecido por tanto tiempo que ciertamente debe tener alguna validez. Y, aun si decidimos que no es válido, ¿cómo podemos

Conclusión

cambiarlos in desbaratar siglos de tradición y estructuras eclesiásticas y sistemas doctrinales?

En relación a estos asuntos importantes, haré sólo dos comentarios ahora. Primero, el "otro" punto de vista sobre el bautismo, el que prevalece en la mayor parte del protestantismo ahora, no es tan antiguo como el que se ha presentado aquí como el parecer bíblico. El entendimiento del bautismo como el tiempo cuando Dios otorga la salvación fue casi unánime en el cristianismo por casi mil quinientos años. Fue el consenso compartido por los primeros padres de la iglesia, la teología católica de la Edad Media y Martín Lutero. El "otro" punto de vista, que prevalece ahora, fue la creación de Ulrico Zuinglio en la década de los 1520. Fue adoptado por sus seguidores, incluyendo a Juan Calvino; y primariamente por la influencia de este último fue extendido entre la mayor parte del protestantismo. Por lo tanto, el concepto de "signo y sello" del bautismo es el más reciente, el usurpador. No deberíamos abrigar ningún remordimiento para abandonar un punto de vista cuyas raíces no van más atrás que Zuinglio. Deberíamos regocijarnos sobre la perspectiva de abrazar un punto de vista arraigado en el Nuevo Testamento mismo y que gozó un milenio y medio de dominio firme hasta levantarse el usurpador.

El segundo comentario va dirigido a aquellos que temen que un cambio tan drástico en nuestro entendimiento del bautismo traería alguna clase de juicio espantoso sobre los últimos siglos y, especialmente, sobre los incontables creyentes sinceros que han aceptado la opinión zuingliana y su clase de bautismo. Mi comentario es una cita de Cipriano, quien trató extensivamente en el Siglo III a.D. con el problema del "bautismo de herejes", o sea, si el bautismo recibido en las sectas heréticas era o no un verdadero bautismo. Cipriano declaró que no lo era, y que cualquiera que dejaba una tal secta e ingresaba a una iglesia ortodoxa debería recibir el verdadero bautismo para su salvación. Pero esta práctica no se había seguido consistentemente, y algunos estaban preocupados acerca de la implicación que tendría en cuanto a herejes antiguos que habían sido aceptados en la iglesia sin otro bautismo. Por lo tanto, estaban

Conclusión

renuentes a aceptar la opinión de Cipriano, aunque podrían aceptar su veracidad, porque requería un juicio muy negativo acerca de las prácticas del pasado y, posiblemente, aun acerca del estado espiritual de aquellos que no se habían conformado a esta verdad anteriormente. Éste es el sabio comentario de Cipriano, uno que creo es aplicable en la situación similar de hoy en día:[79]

Mas alguno dice: "Qué, pues, sucederá con aquellos que en tiempos pasados, llegando de la herejía a la iglesia, fueron recibidos sin el bautismo?" El Señor puede por su misericordia dar indulgencia y no separar de los dones de su iglesia a aquellos que por ingenuidad fueron admitidos a la iglesia, y en la iglesia se han muerto. No obstante, no prosigue que, porque en un tiempo hubo error, siempre debe haber error; puesto que es más apropiado que los hombres sabios y temerosos de Dios obedezcan la vrdad, con buena disposición y sin demora, cuando es presentada y percibida, en lugar de luchar pertinaz y obstinadamente en contra de hermanos y sacerdotes compañeros a favor de los herejes.[80]

---

[79] Ve mi tesis doctoral, "Covenant and Baptism in the Theology of Huldreich Zwingli" [Convenio y bautismo en la teología de Ulrico Zuinglio] (Princeton, NJ: Seminario Teológico Princeton, 1971). Mi obra sobre Zuinglio y el bautismo se resume en el capítulo 2 del libro editado por David Fletcher, Baptism and the Remission of Sin: An Historical Perspective [Bautismo y la remisión del pecado: Una perspectiva histórica], (Joplin, MO: College Press, 1990), 39-81.

[80] Ve mi tesis doctoral, "Covenant and Baptism in the Theology of Huldreich Zwingli" [Convenio y bautismo en la teología de Ulrico Zuinglio] (Princeton, NJ: Seminario Teológico Princeton, 1971). Mi obra sobre Zuinglio y el bautismo se resume en el capítulo 2 del libro editado por David Fletcher, Baptism and the Remission of Sin: An Historical Perspective [Bautismo y la remisión del pecado: Una perspectiva histórica], (Joplin, MO: College Press, 1990), 39-81.

Bibliografía

Angel, G.T.D. "Prayer [Oración] (section on [sección sobre] evrwtavw), The New International Dictionary of New Testament Theology [El nuevo diccionario internacional del teología del Nuevo Testamento], ed. Colin Brown. Grand Rapids: Zondervan, 1976. 11:879-881.

Arndt, William F., and F. Wilbur Gingrich. A Greek-English Lexicon of the New Testament and Other Early Christian Literature [Un lexicón griego-inglés del Nuevo Testamento y otra literatura cristiana antigua]. 4 ed. Chicago: University of Chicago Press, 1952.

Beasley-Murray, G.R. Baptism in the New Testament [Bautismo en el Nuevo Testmento]. Grand Rapids: Eerdmans, 1962.

Behm, Johannes. "kainovõ, etc." Theological Dictionary of the New Testament [Diccionario teológico del Nuevo Testamento], ed. Gerhard Kittel, tr. Geoffrey W. Bromiley. Grand Rapids: Eerdmans, 1965. 111:447-454.

Bietenhard, Hans. "o[noma, etc." Theological Dictionary of the New Testament [Diccionario teológico del Nuevo Testamento], ed. Gerhard Friedrich, tr. Geoffrey W. Bromiley. Grand Rapids: Eerdmans, 1967. V:242-283.

Bromiley, G.W. "Baptismal Regeneration." Evangelical Dictionary of Theology [Diccionario evangelico de teología], ed. Walter A. Elwell. Grand Rapids: Baker Book House, 1984.

Buechsel, Friedrich. "givnomai, etc." Theological Dictionary of the New Testament [Diccionario teológico del Nuevo Testamento], ed. Gerhard Kittel, tr. Geoffrey W. Bromiley. Grand Rapids: Eerdmans, 1964. 1:681-689.

Cottrell, Jack. "Are Miraculous Gifts the Blessing of Pentecost?" Christian Standard [Estándar cristiano] (May 9, 1982), 117:9-11.

_____. "Covenant and Baptism in the Theology of Huldreich Zwingli" [Pacto y bautismo en la teología de Huldreich Zwingli].

Bibliografía

    Princeton, NJ: Princeton Theological Seminary, 1971, disertación doctoral no publicado.

    _____. His Truth [Su verdad]. Joplin, MO: College Press, 1989 reprint.

    _____. Thirteen Lessons on Grace: Being Good Enough Isn't Good Enough [Ser bueno, no es tan bueno]. Joplin, MO: College Press, 1988 reprint. (Disponible en español de editorial LATM)

    _____. What the Bible Says About God the Redeemer [Lo que dice la Biblia acerca del Redentor]. Joplin, MO: College Press, 1987.

    _____. What the Bible Says About God the Ruler [Lo que dice la Biblia acerca de Dios el que reina]. Joplin, MO: College Press, 1984.

Cyprian. "The Epistles of Cyprian" [Las epístolas de Cypriano], tr. Ernest Wallis. The Ante-Nicene Fathers [Los padres anti-nicea], ed. Alexander Roberts and James Donaldson. New York: Scribner's, 1886; reprint Grand Rapids: Eerdmans, 1978. V.-275-409.

Greeven, Heinrich. "evrwtavw, etc." Theological Dictionary of the New Testament [Diccionario teológico del Nuevo Testamento], ed. Gerhard Kittel, tr. Geoffrey W. Bromiley. Grand Rapids: Eerdmans, 1964. 11:685-689.

Harris, Murray J. "Appendix: Prepositions and Theology in the Greek New Testament" [Apéndice: Preposiciónes y teología en el Nuevo Testamento griego]. The New International Dictionary of New Testament Theology [El nuevo diccionario internacional del teología del Nuevo Testamento], ed. Colin Brown. Grand Rapids: Zondervan, 1978. 111:1171-1215.

Lenski, R.C.H. The Interpretation of the Epistles of St. Peter, St. John and St. Jude [La interpretación de las epístolas de San Pedro, San Juan y San Judas]. Minneapolis: Augsburg, 1966.

Luther, Martin. "The Large Catechism" [El gran catecismo]. The Book of Concord [El libro de Concordia], ed. and tr. Theodore G. Tappert. Philadelphis: Fortress Press, 1959. 357-461.

McGarvey, J.W. Lands of the Bible [Países de la Biblia]. Philadelphis: Lippincott, 1881.

Nash, Donald. "Water and Baptism" [Agua y bautismo]. Christian Standard [Estándar cristiano] (April 30, 1978), 113:396-398.

Bibliografía

Oepke, Albrecht. "bavptw, etc." Theological Dictionary of the New Testament [Diccionario teológico del Nuevo Testamento], ed. Gerhard Kittel, tr. Geoffrey W. Bromiley. Grand Rapids: Eerdmans, 1964. 1:529-546.

_____. "diav". Theological Dictionary of the New Testament [Diccionario teológico del Nuevo Testamento], ed. Gerhard Kittel, tr. Geoffrey W. Bromiley. Grand Rapids: Eerdmans, 1964. 11:65-70.

_____. "louvw, etc." Theological Dictionary of the New Testament [Diccionario teológico del Nuevo Testamento], ed. Gerhard Kittel, tr. Geoffrey W. Bromiley. Grand Rapids: Eerdmans, 1967. IV: 295-307.

Seymour, Richard A. All About Repentance [Todo acerca del arrepentimiento]. Hollywood, FL: Harvest House, 1974.

Von Soden, Hans. "ajdelfovõ, etc." Theological Dictionary of the New Testament [Diccionario teológico del Nuevo Testamento], ed. Gerhard Kittel, tr. Geoffrey W. Bromiley. Grand Rapids: Eerdmans, 1964. 1:144-146.

Preguntas de estudio

Capítulo 1: Mateo 28:19-20

1. En la Gran Comisión, ¿por qué es importante que el bautismo se mencione aparte de "todas las cosas" que los discípulos han de ser enseñados?

2. En 1 Corintios 1:10-17, ¿por qué menciona Pablo que se alegraba que sólo bautizó a algunos de los Corintios? ¿Cómo enfatiza este pasaje la importancia del bautismo?

3. ¿Es el bautismo simplemente una buena obra después de la salvación cristiana? ¿Por qué o por qué no?

4. Explique la importancia de ser bautizados "en el nombre" del Padre, del Hijo y del Espíritu Santo.

5. ¿Cómo es el contenido de nuestra fe más completo bajo el Nuevo Pacto que bajo el Antiguo Pacto?

6. ¿Por qué es un "error grave" pensar que el bautismo de Juan y el bautismo cristiano son iguales?

Capítulo 2: Marcos 16:15-16

1. El texto de Marcos 16:9-20 puede no ser parte del Evangelio de Marcos original. ¿Afecta nuestro entendimiento de la doctrina bíblica de bautismo? ¿Por qué, o por qué no?

2. ¿En qué sentido se entiende que la fe y el bautismo son similares en Marcos 16:16?

3. En Marcos 16:16, ¿qué relación tiene el bautismo con la salvación?

Preguntas de estudio

4. Salvación se vincula con bautismo con la frase "El que creyere y fuere bautizado, será salvo." Sin embargo no se menciona bautismo en la frase siguiente: "el que no creyere será condenado." ¿Por qué?

5. Dr. Cottrell indica que cuando uno se bautiza, no está "obedeciendo un mandato" tanto como "aceptando una promesa". ¿Por qué es importante esta diferencia para entender el bautismo?

Capítulo 3: Juan 3:3-5

1. En Juan 3:5, algunos han considerado que el "agua" en la enseñanza de Jesús se refiere a algo más que el bautismo cristiano. ¿Cuáles son las dos principales alternativas? ¿Por qué no es la mejor comprensión del texto?

2. ¿Por qué habría sido natural para Nicodemo entender que Jesús se refería a bautismo cuando habló de agua (Juan 3:5)?

3. ¿Qué quiso decir Jesús con la frase "reino de Dios" en Juan 3:5?

4. Hoy en día, hay mucha discusión y uso de la frase "nacido de nuevo." ¿Qué significa ser "nacido de nuevo"?

5. ¿Cómo nos ayuda la enseñanza de Jesús en Juan 3:3-5 entender la relación entre bautismo y salvación?

Capítulo 4: Hechos 2:38-39 (1)

1. ¿Por qué es tan decisiva la enseñanza sobre bautismo en Hechos 2:38-39?

2. ¿Cuál es la "doble cura" del pecado que se promete en el evangelio?

3. ¿Cómo está relacionado el arrepentimiento con la fe según la respuesta de Pedro a la multitud en Pentecostés?

4. ¿Por qué tienen problema algunas personas con el pensamiento que el bautismo sea una condición de recibir perdón y el don del Espíritu?

Preguntas de estudio

5. ¿Por qué es esencial entender que bautismo en Hechos 2:38-39 es bautismo en agua?

Capítulo 5: Hechos 2:38-39 (2)

1. Discuta las imágenes de agua del Antiguo Testamento que son asociadas con el perdón de los pecados. ¿Cómo es el bautismo cristiano una representación más clara y especifica de ese perdón?

2. En Hechos 2:38-39, en la frase "para el perdón de los pecados", la palabra que se traduce "para" es la palabra griega "eis". Discuta los tres posibles significados de esta palabra griega en relación con el perdón de los pecados. ¿Pareciera ser correcta la interpretación que le da el Dr. Cottrell? ¿Por qué?

3. Discuta de la tranquilidad que le ofrece a los cristianos el conocimiento de que en el bautismo, hemos sido perdonados de todos nuestros pecados (pasados, presentes y futuros).

4. Comente las oportunidades en Hechos (2:1-4; 10:44-48) cuando el Espíritu Santo fue dado antes del bautismo. ¿Por qué deben ser considerados casos especiales y no normativos para todos los cristianos?

5. ¿Por qué es Hechos 2:38-39 un excelente resumen de cómo recibir a Cristo por medio de la fe?

Capítulo 6: Hechos 22:16

1. Cuando Ananías se dirige a Saulo en Hechos 22:16, ¿ya era salvo Saulo o seguía siendo un perdido pecador? ¿Por qué es importante responder a esta pregunta?

2. Dr. Cottrell enumera cuatro razones por las cuales el bautismo es una condición previa para el perdón de los pecados. Explique sus argumentos.

Preguntas de estudio

3. Varios pasajes de las Escrituras del Nuevo Testamento mencionan lavamiento (1 Corintios 6:11; Hebreos 10:22; Efesios 5:26; Tito 3:5). ¿Cómo clarifica este pasaje de Hechos 22:16 a los otros pasajes?

4. Saulo recibió la instrucción, "lava tus pecados, invocando su nombre". ¿Cómo se relaciona esto con bautismo? ¿Cómo se aplica este mandato en la vida de Saulo en el contexto de Hechos 22? ¿Cómo se aplica en la vida de personas hoy?

5. ¿Qué les dice a los cristianos de hoy Hechos 22:16 acerca de la importancia del bautismo?

Capítulo 7: Romanos 6:3-4

1. En Romanos 6:3-4, ¿qué significa "bautizados en Cristo Jesús"? Explique lo que significa para nuestro diario vivir.

2. Los cristianos no estamos todos de acuerdo con el momento en que ocurre nuestra "muerte al pecado". El Dr. Cottrell explica tres posiciones principales. Discuta sus méritos y debilidades. ¿Está de acuerdo con la conclusión de Dr. Cottrell?

3. ¿En qué manera enseña este pasaje (Romanos 6:3-4) que la inmersión es la única "forma" de bautismo?

4. Al pensar en la "doble cura" del pecado, ¿cuál aspecto de la "doble cura" corresponde a nuestra "muerte al pecado"?

5. ¿Por qué debe dar al cristiano una motivación fuerte para vivir santamente el entendimiento correcto del bautismo?

Capítulo 8: 1 Corintios 12:13

1. ¿Cuáles son las diferencias entre el entendimiento de los reformados, los wesleyanos y los del movimiento restauración acerca de la frase "bautizado en el Espíritu"?

Preguntas de estudio

2. ¿Cuál es el punto de vista alternativo que da Dr. Cottrell? ¿Cómo se diferencia de los tres puntos de vista antes mencionados? ¿Está de acuerdo con su razonamiento? ¿Por qué o por qué no?

3. Explique la relación entre el agua y el Espíritu en el "único bautismo " de Efesios 4:5.

4. ¿Cuál es la diferencia entre lo que Dr. Cottrell llama la "iglesia visible" y la "iglesia invisible"? ¿Le parece que es válido bíblicamente hablar de esta distinción?

5. ¿Por qué es importante entender que la referencia a la iglesia en 1 Corintios 12:13 es a la "iglesia invisible"?

6. ¿En cuáles términos habla 1 Corintios 12:13 de la unidad de todos los cristianos? ¿Cuál es la base de esta unidad?

Capítulo 9: Gálatas 3:26-27

1. ¿De qué manera se relacionan las "bendiciones de Abraham" con los cristianos (Gálatas 3:14)?

2. Gálatas 3:16 nos dice que Jesús es el único y verdadero heredero de la las promesas de Dios a Abraham. ¿Cómo se relaciona esto con los cristianos que están "en Cristo"?

3. Explique los diferentes aspectos de la imagen bíblica de ser "revestido de Cristo". ¿Cómo es esto un estímulo para nosotros en nuestra vida cristiana?

4. ¿Cómo se relacionan fe y bautismo con llegar a ser "hijos de Dios" a través de unión con Cristo?

5. ¿Cuáles son las diferencias entre los conceptos de circunsición y bautismo en el contexto de Gálatas 3?

Capítulo 10: Efesios 5:25-27

1. ¿Qué significa que un cristiano sea "santificado"? Explique los dos aspectos de la santificación, destacando sus características únicas.

Preguntas de estudio

2. ¿Cómo se relaciona el concepto de la iglesia "purificada" con la doctrina de justificación? ¿Por qué tiene que "limpiar" la iglesia Cristo antes de poder "santificar" la iglesia?

3. ¿Qué argumento usa Dr. Cottrell para identificar la frase "lavado en agua" con el bautismo cristiano? ¿Tiene sentido para usted este argumento?

4. ¿Cómo es que nuestro lavamiento que recibimos en bautismo nos pone en contacto con la sangre de Cristo?

5. ¿Cuál papel juega la Palabra de Dios en unir la sangre de Cristo y bautismo en agua?

6. En vista de lo que Cristo hizo por nosotros, ¿cómo debe nuestro bautismo inspirarnos hacia una vida santificada?

Capítulo 11: Colosenses 2:11-13

1. ¿Cuáles razones da Dr. Cottrell para decir que Colosenses 2:11-13 es el pasaje bíblico más importante del Nuevo Testamento sobre el significado del bautismo cristiano?

2. Comente la relación entre los temas afines de Romanos 6:1-11 y Colosenses 2:11-13 (por ejemplo: sepultura con Cristo, muerte al pecado, morir al pecado).

3. Colosenses 2:11-13 al parecer indica que el momento de nuestra sepultura con Cristo tanto como nuestra resurrección en Cristo ocurren en el bautismo cristiano. ¿Niega esto la importancia de fe? ¿Por qué no?

4. ¿Cuáles problemas surgen con nombrar el bautismo el reemplazante en el Nuevo Pacto del rito de la circuncisión del Antiguo Pacto?

5. ¿Cuál es la conexión entre el bautismo y la circuncisión en el contexto de Colosenses 2:11-13?

Preguntas de estudio

Capítulo 12: Tito 3:5

1. Dr. Cottrell comenta la "doble cura" de salvación en casi todos los capítulos. ¿Cómo se relaciona la "doble cura" con Tito 3:4-7?

2. Pablo en versículo 5 ocupa la palabra regeneración — ¿y cuál otra palabra que es similar? ¿En qué manera son similares en sus definiciones?

3. Explique el significado de la frase: "Él nos salvó... por el lavamiento." ¿Qué nos enseña acerca de la importancia del bautismo? ¿Está de acuerdo con la declaración de Dr. Cottrell de que "el bautismo es el Pentecostés personal del individuo"?

4. Los cristianos son salvos por la gracia de Dios (Efesios 2:8-9). ¿Cómo puede el bautismo ser también parte del plan de salvación de Dios sin contradecir la suficiencia de la gracia de Dios?

5. Pablo separa el bautismo de "obras de justicia que nosotros hubiéramos hecho". Si bautismo no es una obra humana, ¿qué será?

Capítulo 13: 1 Pedro 3:21

1. Comente la similitud entre Noé y su familia siendo "salvados por agua" y la parte que juega el bautismo en "salvar" a los cristianos.

2. La versión NVI dice que el bautismo es "el compromiso de tener una buena conciencia delante de Dios". ¿Por qué no es ésta la mejor traducción? ¿Qué debe decir en español? ¿Por qué?

3. ¿En qué sentido nos da Dios una "buena conciencia" cuando nos bautizamos?

4. Explique cómo la resurrección de Cristo da al bautismo su significado de salvación.

5. Dr. Cottrell da un resumen de los cuatro puntos principales de este capítulo. Identifíquelos. ¿Está de acuerdo con cada uno? ¿Por qué o por qué no?

Preguntas de estudio

Conclusión

1. ¿Por qué dejarían incómodos las conclusiones de este estudio de bautismo a muchos entre los evangélicos de hoy?

2. Dr. Cottrell hace dos observaciones finales acerca de este estudio. Identifique y explique cada una de ellas.

3. Al completar este estudio bíblico acerca del bautismo, ¿ha cambiado el pensamiento suyo sobre el bautismo? Si es así, ¿en qué sentido?

4. Explique cómo una comprensión bíblica del bautismo puede ser de estímulo para la vida diaria de los cristianos.

Otros libros por el autor Jack Cottrell —

La fe una vez dada

Dr. Jack Cottrell explica las principales doctrinas bíblicas con pasajes bíblicos, razonamientos, citas de estudiosos de antaño y de hoy y con sentido común. Este libro sirve a los que quieren cavar más profundo, a los que desean tener a mano un manual de teología que está de acuerdo con la Biblia misma. 659 páginas.

En su camino

Entienda los mandamiento primordiales de la Biblia y la diferencia entre los Testamentos. 81 páginas

Los fundamentos de la fe

Jack Cottrell explica en términos populares las grandes doctrinas de la fe cristiana. Le ayudará enseñar a otros. 144 páginas

Ser tan bueno no es tan bueno

Tema favorito del autor, Jack Cottrell, la gracia. Abra su corazón a la enseñanza bíblica de la gracia de Dios. 96 páginas

---

Contáctenos:

Cindy@latm.info
o 417-623-6280
ext. 159

Para ver todos los libros:
www.latm.info

www.ingramcontent.com/pod-product-compliance
Lightning Source LLC
Chambersburg PA
CBHW062106080426
42734CB00012B/2771